# ニッポンの風景をつくりなおせ

一次産業 × デザイン ＝ 風景

梅原 真

羽鳥書店

Regenerating the Japanese Landscape:
Umebara Makoto's Designs for Primary Industry
UMEBARA Makoto
Hatori Press, Inc., 2010
ISBN 978-4-904702-12-3

一次産業がうまくいっていないなぁ、
と思い始めてから世の中おかしくなってきた。
では、ボクに何が出来るのか?
一次産業にDesignをかけあわせる
▶新しい価値が生まれる
▶新しい価値は経済となる
▶経済がうまくいけばその一次産業は生きのびる
▶そして風景が残る。
1987年の夏。カツオ一本釣り漁師が訪ねてきた。
このままでは船がつぶれるといった。
一次産業にDesignをかけあわせたら、
やがてその商品は年商20億円の産業となった。
土佐に一つの風景が残った。
「一次産業×Design=風景」
この方程式でニッポンの風景を残そう。
そう考えるようになった。

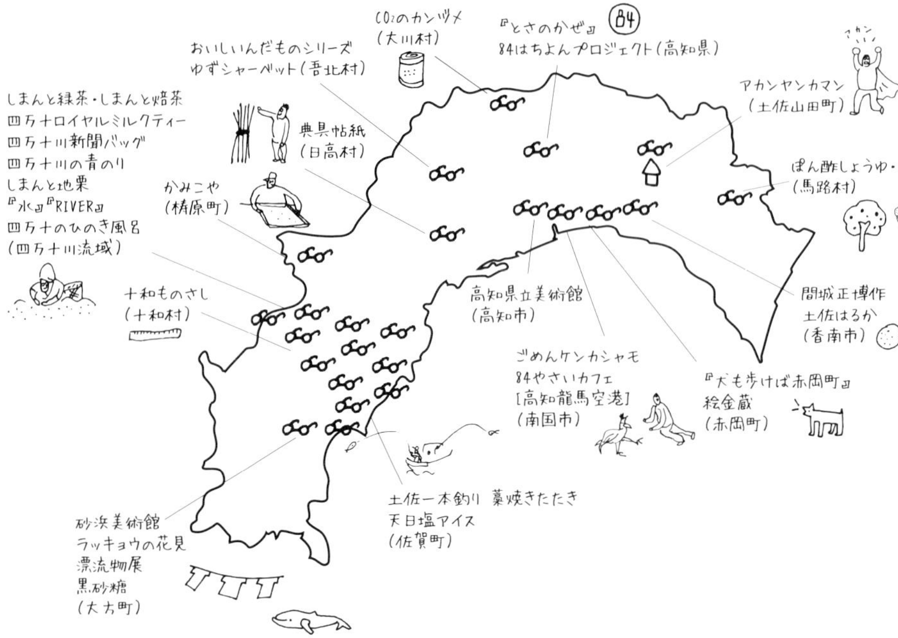
CO2のカンヅメ
(大川村)
『とさのかぜ』 84
84はちよんプロジェクト(高知県)
おいしいんだものシリーズ
ゆずシャーベット(吾北村)
しまんと緑茶・しまんと焙茶
四万十ロイヤルミルクティー
四万十川新聞バッグ
四万十川の青のり
しまんと地栗
『水』『RIVER』
四万十のひのき風呂
(四万十川流域)
典具帖紙
(日高村)
かみこや
(梼原町)
アカンヤンカマン
(土佐山田町)
ぽん酢しょうゆ・ゆずの村
(馬路村)
十和ものさし
(十和村)
高知県立美術館
(高知市)
間城正博作
土佐はるか
(香南市)
ごめんケンカシャモ
84やさいカフェ
[高知龍馬空港]
(南国市)
『犬も歩けば赤岡町』
絵金蔵
(赤岡町)
土佐一本釣り 藁焼きたたき
天日塩アイス
(佐賀町)
砂浜美術館
ラッキョウの花見
漂流物展
黒砂糖
(大方町)

天空の森
(鹿児島県霧島市)
やんばる ふんばる 国頭村
(沖縄県国頭村)

# 一次産業×デザイン＝風景MAP

*市町村名は依頼時のもの

＊文中の依頼人解説は筆者自身が勝手に書いたもので
本人の承諾を得たものではありません。
また、顔写真も手もとにあったものを使用しました。
依頼人さま、おゆるしいただけますよう。

# ニッポンの風景をつくりなおせ

アカンヤンカマン

これはイラストレーター大橋歩さんのイラストです。

サインをしてもらった時、片隅に小さなイラストを描いてくれました。

ボクはいつも「アカンヤンカ」というているらしいのです。

アカンヤンカマン。

いまのニッポンは「アカン」と思います。

ここにあるのはすべて「アカンヤンカ」から始まった仕事です。

a.

b.

じつは、
茶どころ。

じつは茶所
四万十川水系
しまんと緑茶《りょくちゃ》
じつは茶所
四万十川水系
しまんと焙茶《ほうじちゃ》

# なんで全部静岡に出すんじゃ

[100%静岡茶?]

四万十川《しまんと》のほとりに住んでみた。この川の流域では良質のお茶が栽培されていた。急傾斜のうえ畝が狭くて機械が入らない。そこで全て「手摘み」。おまけに、朝霧の立つ(寒暖の差のある)絶好の環境で育つお茶だった。ところがこの村で生産される茶の100%が静岡へ送られ、静岡茶となっていた。
煎茶は「香・甘・苦・渋」4つの味に振り分けられブレンドされる。四万十の茶は単なる「渋」として取り扱われ、ブレンドされ静岡茶になるというわけなのである。
四万十川、朝霧、手摘み。そのお茶が単なる味をつくるイチコンテンツとして混ぜられるだなんてユルセネエ…………!
そんなある日、広井《ひろい》茶生産組合・農協第2製茶工場工場長、岡峯久雄と神祭の集まりで酒を飲んだ。「なんで全部静岡に送りゆうがぜ?」ここから話は始まった。「ぼくらも、メシを喰わないかんけんね」と茶農家の誰かが言った。「95%は静岡へ、5%で自分たちの茶を研究する事はできるろうがえ!!」。やや険悪な空気が漂った。
それから10年後(ボクはこの村を出ていた)、岡峯がやってきた。「やっと自分らあの商品をつくるようになったき、タノマアヤ」。「オイオイ一歩進むのに10年カヨ?!」と笑った。
その商品はペットボトルの「緑茶」だった。ペットボトルにはガッカリしたが自分たちの手で商品を作る画期的出来事だった。
誰も知らなかった茶所のお茶。「じつは茶所・しまんと緑茶」のはじまりである。
高齢者の茶農家を見つけた。上山《かみやま》夫妻。笑顔のかわいい元気なご夫婦。味わいのあるキャラクターだった。このお二人のいつもの農作業を撮影した。一枚の写真が全てを表現してくれた。
一次産業にデザインをかけ合わせ、「あたらしい価値」を作りたい!あたらしい価値は経済となり、日本の風景を残してくれる。ボクのシゴトは「a」を「b」にすることなのだ!と思った!

shimanto
RED
四万十茶葉100%使用
SHIMANTO
ROYAL
MILK
TEA
200ml
shimanto
RED
四万十茶葉100%使用
SHIMANTO
ROYAL
MILK
TEA
200ml

商品開発は続き、今度は紅茶。40年前、この村では紅茶作りが盛んだった。セイロンの紅茶が輸入されるようになり、紅茶産業が衰退していったわけであるが、「国産の紅茶」があたらしい価値を持つ時代となった。石川県から紅茶研究家・赤須治郎を招き、忘れ去られていた紅茶の技術が復活した。自家発酵である。
緑茶では渋いこの茶は、紅茶にするとコクのある味となり、加工品がさらにおいしい。ゼリー、アイス、ロイヤルミルクティーと続き「まず5%から地元の茶を作ろう」は現在「55%」となっている。静岡茶にまぜられていた四万十の茶は「まぜられる茶」から「まぜちゃる茶」へ変身しようとしている。

40年前の味で
新発売

依頼人｜岡峯久雄

(合)広井茶生産組合代表、高知はた農協十和支所第2製茶工場工場長。四万十町町議会議員。なかなかヤラないが、ヤル時にはヤル男。みんな「ヒサニイ」(ひさにいさん)と呼んでいる。四万十川で会ってから20年。海釣りが好き。今日も宇和島《うわじま》の海にグレを釣りに行っている事だろう。

# ひらひらします

[ボクは町長室の中でアブラアセを掻いていた]

1988年。バブルのまっただなか。「町おこし」とか、「村おこし」とかいう言葉が飛び交っていた。ちょっとおかしい。町のスケールに合わない箱がどんどん出来ることにも強い違和感を覚えていた。

そんなある日、東京で北出《きたで》博基というカメラマンと出会うことになる。北出さんから「Tシャツに写真のプリントができる」という話を聞き、実物を見せられ、「これをなんとかできないだろうか?」と相談された。それを見た途端に、また妄想が浮かんだ。アタマの中では、何千枚のTシャツがひらひらと砂浜になびいている。その風景をつくりたいと思った。

さて、それをどこで……と思いを巡らすうち、数ヶ月前に大方町《おおがたちょう》(現・黒潮町)の職員に会っていたことを思い出した。この町には運良く、4kmの大きな砂浜がある。その職員というのが、当時、企画調整課の松本敏郎と教育委員会の畦地《あぜち》和也。

一枚の紙に、鉛筆でごく簡単に、砂浜にひらひらとTシャツがたなびくスケッチを描いて二人を訪ねた。「この町には4kmの砂浜があるやろ、あそこでコンナンせえへんかんか?」とスケッチを見せた。10分ぐらい話したところで、「ちょっと僕らの判断ではできません。こちらへどうぞ」と、連れて行かれたのが町長室。

「町長さん、おたくの町の砂浜でこんなんせえへん?」と切り出したボクに坂本町長は「ハァ?」と困惑している。こちらもアブラアセが出てきた。「また出直します」と言って、ボクは早々に町長室を出たのでした。

町長がOK! と言える状況を作ってあげなければ! 事は進まない。ボクは事務所に帰って企画書を書き始めた。ワープロをたたき、写真を手貼りし、作った企画書は、A3サイズで5枚。

大方町の空を自分が鳥になった気持ちで見たとき、そこには、4kmの砂浜があり、それに沿って松林があり、砂地にはラッキョウ畑がある。沖にはクジラがいて、ウミガメが産卵に来る、鳥が浜辺を歩いて描いた足跡、風紋や波紋、海辺には植物があり、そして、磯遊びをしている子どもたちの笑い声がある。そんな風景を思い浮かべていたら、クジラから子どもたちまで、ここにあるすべてが作品に思えてきた。そうだ!「砂浜美術館」構想だ!

砂浜が作品です。クジラが作品です。ウミガメが作品です。ラッキョウ畑が作品です。etc.……。パブリックをも巻き込んだ、「町長もウンという企画書」が出来上がった。

しかし、「砂浜美術館」という言葉は、ボクにとってはウツクシすぎた。「私たちの町には美術館がありません。美しい砂浜が美術館です」。時代に対しての強烈なアイロニーを加えて「砂浜美術館」は成立した。

この企画書を、企画調整課松本あてFAXした。すると、彼らは表紙の「私たちの町には美術館がありません。美しい砂浜が美術館です。」に驚嘆したらしく、その驚きが、「何かせないかん」という動きにつながっていった。(後日談)

「面白いことをするけん、みんな集まれや」と有志に声を掛けた。すると、そこには変わり者が集まって来た。ガソリンスタンド主人、うどん屋、電器屋、農業、商工会や役場の職員……合わせて10数人になった。彼らが作ったグループの名前は砂美人連《さみっとれん》。奇をてらっていて、ヤナカンジ(笑)。あんまり好きじゃないけど、やる気は出ていると思ったので、それはそれでよかった。そのグループが中心となって、コトがどんどん進んで行った。

町長も、そんなに一生懸命言うてくれるんならやってみようかと、120万の予算にOKがでた。砂浜美術館は動き出した。

1年目は北出博基さんの作品をTシャツにプリント。100枚を展示することから始めた。2年目からは、イラスト・写真の2部門を公募。1週間展示をし、最後に潮風の香りとともにTシャツをお返しする。そのプロセスに料金3,500円(2009年現在)をいただくというシステム。

今ある自然環境を残したままで、構造物はつくらない。展示中は、ひらひらと広い面積をはためくものがある。だけど、その期間が終わると、まったく元通りになってしまう。まるでインスタレーションのような気持ちのよい空間が砂浜に生まれた。

そんなある日、松本敏郎に企画調整課で見せられたもの、それは、開発業者が描いたいく種類ものリゾート開発プランだった。

おりしも「リゾート法」(総合保養地域整備法、1987年)が制定され、この町の砂浜はこの法律の格好のターゲットになっていたのだった。個々の開発業者が描いた大きな鳥瞰図が5〜6種類あった。どれも同じようなプランで、リゾートホテル、サイクリングロード、ゴルフ場、クジラ型プール、が美しく描かれていた。

町は自分たちの考えでできるのではなく、業者が「こんな町どうでしょう!」と絵を描いてくれる。日本の町はこうやって出来てゆくのだ。「Tシャツひらひら」とは真逆のことが同時並行で進んでいた。時代はバブル。何かをすることは“よし”だった。おまけに開発業者が絵を描いてくれる。ホテルもできれば、サイクリングロードもできれば、プールもできれば、こりゃえいやいかというような匂いがあった時代。

“何かをするリゾート開発”と“何もしない砂浜美術館”という価値の対決。

+を選ぶか?ーを選ぶか?+指向が強い中、その時点ではボク自身、正直、大方町の人たちや議員さんたちに快く受け入れられてはいなかった。

その2年後、バブルがはじけた。Tシャツに風がソヨソヨと吹き始めた。リゾート開発に反対するために始めたんじゃない。しかし結果的には、リゾート開発と砂浜美術館、2つのビジョンが、はっきりと対峙した関係だったと当時を振り返り分析する。

「開発」を「ひらひら」が止めた。リゾート開発のプランをその過程で見てしまったことで、余計に力が入ったということはあったのかもしれない……

23年が過ぎた。今年2010年は、モンゴルの草原に行くことになっている。

ゼロエミッションの美術館は、波の音をBGMとしながら今年も“ひらひら”しています。

# ラッキョウの花見

［7時のニュース］

大方町（現・黒潮町）は、ラッキョウの産地。毎年10月の後半から花が咲き始める。ピンクと紫の中間色をした花が一面に咲いている。花がピンク、葉っぱがコバルトグリーン、砂地の茶色がミックスされて不思議なカラーリングが延々と続いている。

だが、「ウツクシイと言ってはいけない条例」があるかのような気さえしてくるほど、町民はみんな無関心である。ラッキョウを農作物としてとらえてしまっているからだ。

見方を変えれば、桜の花より美しい。「ラッキョウの花見」としたとたん、その風景はたちまち意味を持った。現状は何も変わっていないのだが……

やったことと言えば、ラッキョウ畑の中に俳句箱を置いたこと。そこにメモを置き俳句を投函してもらう。季語「ラッキョウ」。あとでカンタンな「句集」を作るという具合。

ある日、NHK夜7時の全国ニュースで、「大方町ではラッキョウの花見のシーズンとなりました」と放送され大笑いした。またひとつ、わたしの好きな風景がキープできたかもしれない。

# 漂流物展

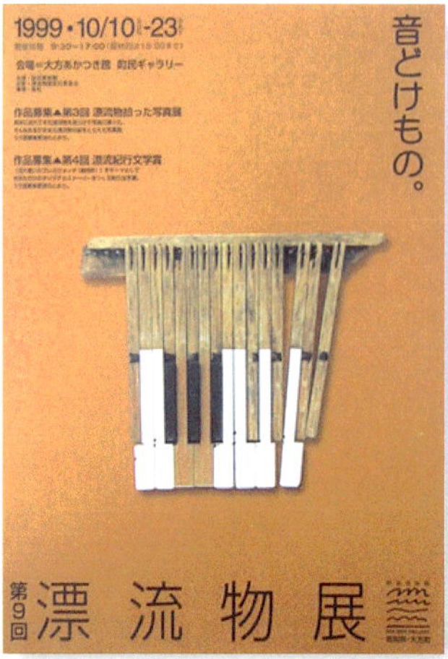


[ゴミでポスター]

自分のモノサシがあるということ。人のモノサシに左右されず、私たちはこの砂浜が好きなんですということの方が、ユタカなことであって、「私の町には○○がない」といっているのはかっこ悪い。

巨大なものが好き、スケールの大きいものが好き、お金がたくさんある方がえらい、権威がある方がいい、これらを認容し、社会や人間がおごっている時代、1987年。この時代に対する皮肉そのものが、砂浜美術館だった。

わたしの住んでいる高知は、経済指標で47番目と言われている。それがどうした?「47番目の方が面白いゼヨ」とチャンネルを切り換えて、その場所を楽しむところからスタートしたい。

常にそういう目線で見ていると、マイナスをプラスに変える力がうまれる。ある日、Tシャツアート展の前準備で、海岸を清掃して集めたゴミを焼いていた。燃えていくものを見ていたら、変なもの、面白いものがいっぱいあることに気付いた。

それは、「燃やせば$CO_2$」「並べれば博物館」。「あ～ゴミがたくさん落ちてるなあ」じゃなくて、異国から流れ着いたものを、並べてみたら、博物館になるんじゃないか。

時を経て流れ着いたものが、変形していたり、さびついていたり、韓国語や中国語や

英語が書いているものもあったり……それらをすべて作品にしようという考え方。
そんなある日、ビンに入った手紙が流れ着いた。中を開けたら、手紙があった。時が5年も経っていて、アメリカ、ニューメキシコの大学生ブライアン君が、小学生の時に書いたものだとわかった。そのブライアン君との交流が文部省の英語の教科書に登場する。
ゴミを拾い集めたことで、ブライアン君と出会い、それが英語の教材になるという、信じられない話。自分の考え方でとことん楽しんでいたら、想像もつかない何かに行き当たる。
わたしはこの「ゴミでポスター」を20年間作らされている。ゴミを拾ってはそれをネタにデザインするのだ。
話は変わるが、20年も漂流物を拾い続けた松本敏郎は漂流物博士になった。講師で各地に出向くうち、インターネットの時代がやってきた。メーリングリストで「漂着物学会」を立ち上げた。仙台で「これは何ですか？」となげかければ沖縄から「それは○○です」と解説付きで答えが帰ってくる。バーチャルだけではいけないと、毎年、日本のどこかで「全国大会」を開催する。砂浜美術館を離れ自分だけの「プライベートビーチ」を楽しむ松本なのである。

私たちの町には美術館がありません。
美しい草原が美術館です。
ひらひらします
モンゴル
Tシャツアート展。
草原美術館
MONGOL
2010年7月24日(土)〜27日(火)
モンゴルの大草原(ウランバートル市近郊)

**依頼人｜松本敏郎・畦地和也**

当時、松本は大方町企画調整課、畦地は教育委員会。松本はチョウセイ型、畦地はイテマエ型。この二人の元にわけのわからんオモシロ人間が集まって、砂美人連が結成されたことからスタートした。その後、役場での担当部署が変わりながら23年が過ぎたいま、二人共、もとの同じポジションに帰ってきた。松本の頭はウスくなったが、畦地はそう変わらん。

漁師が釣って
漁師が焼いた

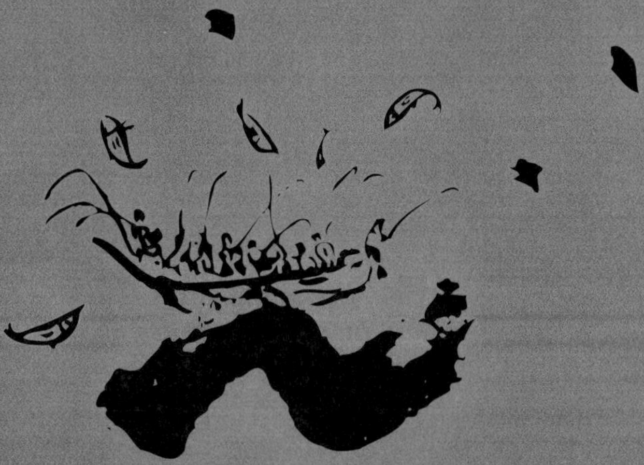

# 漁師が釣って
# 漁師が焼いた

[8年で20億、20年で50億]

1987年夏。一人の漁師がやって来た。明神宏幸、当時42歳。その漁師は、土佐明神丸二十六号という一本釣り鰹漁船に乗っていた。明神家は、土佐佐賀という漁港で、近海カツオ漁業を営む船主。デザイナーと漁師の絶対出会わないミスマッチ、だった。

「このままでは船がつぶれる。力を貸して欲しい！」。近年つづく魚価低迷。漁獲高低迷で鰹漁船はどんどん廃船していく、このままでは明神丸も廃船に追い込まれる。イッポン、イッポンていねいに釣った鰹の値段はセリによって買い手に決められる。「漁師が自分自身で値を付けられる漁業にしたい！ オレは船から降りて陸で鰹を釣りたい！〜!!」

大きな声だった。船の上では波の音、エンジンの音が大きいため、どうしても漁師は大きな声になるのだった。

3時間話を聞いた。情熱が伝わった。聞いているうち、頭の中にすでに成功のストーリーが出来上がってしまった。

明神宏幸が事務所を出るその背中を見て「この男は成功したな」と思った。その後、寸分違わぬストーリー展開で8年間で20億円の産業が出来てしまった。

明神宏幸はだんどりよく、カツオの資料を置いていった。その中にビデオテープが2本あり、その夜、家に帰って見た。2月初旬、漁師たちは待ちきれず漁に出る。岸壁で家族が見送る。岸から船が離れた瞬間から約10ヶ月、海という液体の上で暮らす事になる。翌朝、夜が明けるころから漁が始まる。きつい仕事だ。一次産業の底辺。こうい

生もの
土佐
海幸
漁師が釣って漁師が焼いた
一本釣り
藁焼き
たたき
鰹
土佐明神丸明神水産(株)

タタキ
たれ
タタキ
たれ
一本釣
藁焼き
たたき
たたき
漁師が釣って漁師が焼いた

う人たちこそ豊かに暮らせるような社会でなければ！
一日中パソコンに向かっている私に比べ、海に出て身体を張ってる男たちが、どうしてこんな状況なのかと重い気分になった。

商品は最初の打ち合せで決まった「藁で焼くたたき」。前へ進むより昔へ帰ることの価値。子どもの頃、家のばぁさんは藁や炭俵をほどいて出来た茅でたたきを焼いていた。
ボクはこの商品を「土佐 一本釣り 藁焼きたたき／本場土佐佐賀港」と名付けた。土佐佐賀の港町は田舎であるがゆえ、お百姓さんから藁の調達がしやすい。東京では、藁のストックスペースだけでも、とんでもないコストになる。田舎の個性、地の利にあったものづくりがはじまった。
天皇陛下御用達のたたきは、焼津の炭火焼きである。炭火焼は、遠赤外線で、芯まで火を通してしまう。表面だけ、パッと焼いて中は生というのがたたきの調理法。藁はストロー状で酸素を含み、強い火力で、表面だけを焼いてくれる。
工場があるわけでなく、当初は母屋の庭で、テッキュウの上に、カツオの身を数本のせて手で焼いた。
一方、ボクは、デザインワークを始めた。土佐の一本釣りの歴史を調べていると大正時代の鰹漁船の写真が出てきた。それは手漕ぎの船で、どてらを着た漁師が操業している風景だった。その風景に感動し、その船の絵を筆で描いた。その船は、やがて、土佐明神丸明神水産（株）のシンボルマークになることになる。
同時に「漁師が釣って、漁師が焼いた」という言葉が素直に浮かんだ。漁師が釣った魚を、漁師が焼いているイメージが一番うまそうに思えた。魚の「選別」「さばき」「焼き」その全てを漁師の手がする旨さだ。
鰹船と「漁師が釣って、漁師が焼いた」が一体となって、コミュニケーションデザインの基本形ができた。

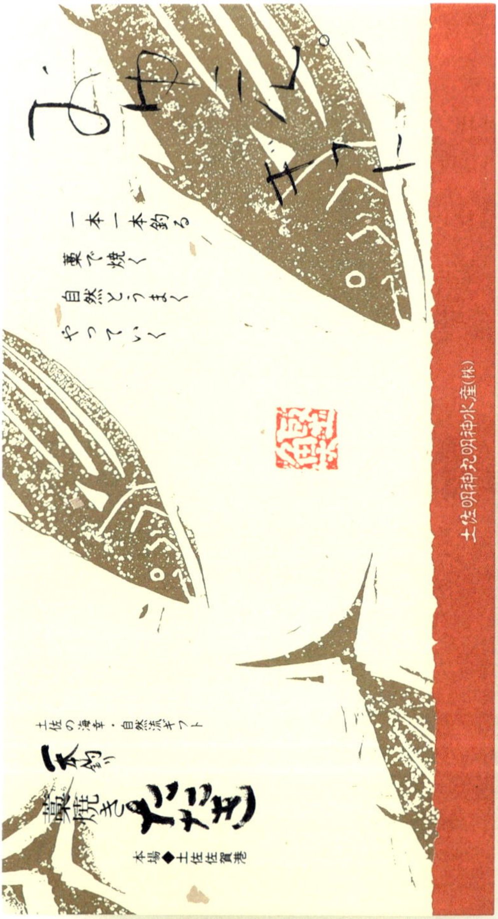
一本一本釣る
藁で焼く
自然とうまく
やっていく
土佐の海幸・自然流ギフト
本場◆土佐佐賀港
土佐明神丸明神水産(株)

情報を一つの凝縮された形にして、端的に生活者に受け渡すコミュニケーションデザイン。そのパイプを、いかに太く設計できるか？ 失敗・成功はコミュニケーションデザインの優劣にかかっている。

たたき2本、たれ、生しょうが、生にんにく、全国一律5,500円（配送料含む）という大胆な価格だった。

母屋の2階に事務机を置き、電話注文に対応する忙しい日々が始まった。

明神宏幸の女房、明神和歌子を先頭に地元のお姉さんたちがオペレーターとなった。「土地の言葉でしゃべろう！」（標準語なんてしゃべれやしない）を合い言葉に電話注文を受けた。この地域の方言「幡多《はた》弁」は「土佐弁」とは違い、独特のカワイイニュアンスをもっていた。

一次産業の現場から、消費者にダイレクトに届くという新鮮度が産地直送ブームになった。「土佐 一本釣り 藁焼きたたき」は飛ぶように売れていった。

気をつけたのは、あまりデザインをしないこと。一次産業の現場にデザインが入りすぎると、何か違うものになる。漁師がデザイナーと組んで何やり始めたんやろう？ という変な違和感が生まれる。デザインを極力少なめにセットすること。「漁師が釣って、漁師が焼いた」というフレーズも、プロのコピーライターが考えたようなものじゃない。誰でもが考えそうなコピーをわざと使い、また藁半紙に「初鰹がとれ始めました」とマジックで書いてDMとしたり、「スロー」にデザインを加えていくことに気をつかった。

1～2年するうちに、この商品をギフトにしたい、という声がたくさん出始めた。自家用ではなく、少し「アリガタイ」形が必要になってきた。このあたりから、デザインを意識的に加え始めた。

「漁師が釣って、漁師が焼いた」はこどももロずさむフレーズとなり「土佐 一本釣り 藁焼きたたき」はブランドになっていった。

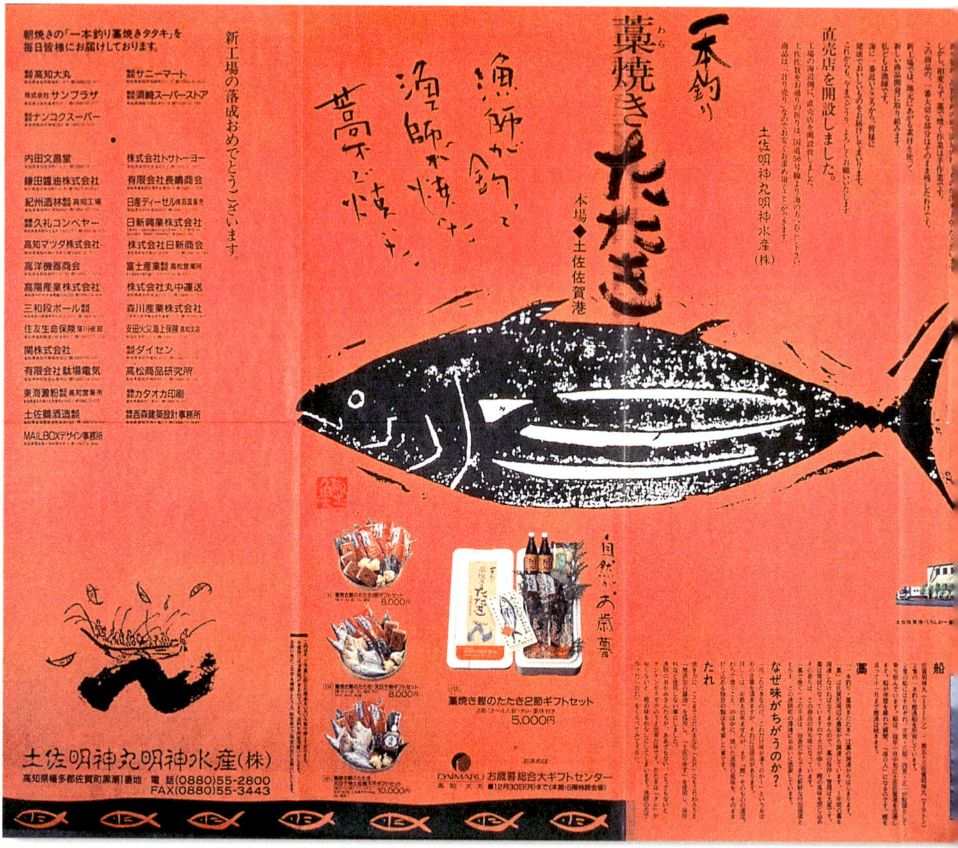

**依頼人｜明神宏幸**

土佐鰹水産(株)社長。明神家三男坊。高知高校では中央大学商学部をめざしガリベン。公認会計士になろうとしていたらしいが、東大紛争のあおりをうけて断念。こんどは明神丸に乗り組んでみたが、船上では能力を発揮できず、陸にあがる。その勘の良さと行動力はこれ以上の人物を見たことがない。

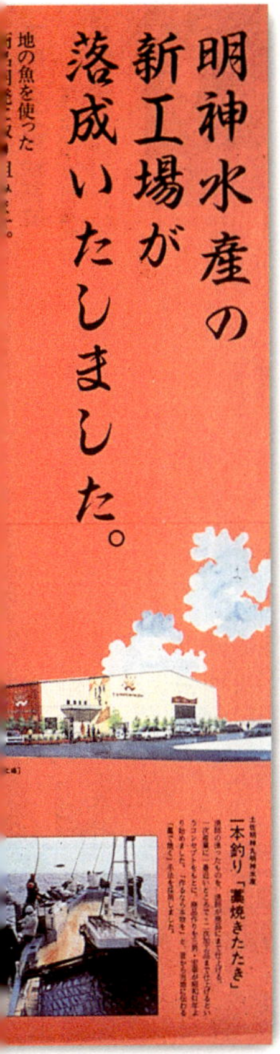
明神水産の
新工場が
落成いたしました。
地の魚を使った
一本釣り「藁焼きたたき」

「ゼロ」からではない「マイナス」から始まったこのエピソード。製造業としてはまったくの素人、明神宏幸のパワーがスゴかった。明神和歌子のフォローがスゴかった。「エネルギー不滅の法則」が証明された。気がつけば、4年目には港に本社工場が落成し、パートさんも入れれば80人の従業員がいた。
朝早く工場の前に立ち、朝日を浴びながら自転車で出勤してくる人たちを眺めていると、胸に込み上げるものがあった。
一本釣り鰹漁業再生は大成功！　ハッピーエンドに思われた。ところが1995年2月、土佐明神丸明神水産（株）の株主総会で明神宏幸は解雇された。
地元に人材がいないので、統括部長として高校時代の同級生を、某大手銀行からヘッドハンティングしていた。その人物が宏幸の兄弟と手を組み、手慣れた手法で、明神宏幸を追い出した。相手が一枚上手、法的には成立していた。わたしは継続を要求されたが、続けなかった（その後のデザインには関わっていない）。
たしかに、明神宏幸の鼻はピノキオになっていた。8年目の業績は20億円にのぼり、イケイケで節操がなかった。明神宏幸は土佐を飛びだし修行時代に縁のある焼津に女房と出て行った……

あの事件から15年。明神宏幸は焼津で同業を起業し、現在（2010年夏）年商50億円の土佐鰹水産（株）を経営している。
この13年間の時代の価値観の変化はすさまじい。イッポン、イッポン釣る、効率の悪い漁法は、資源再生産可能な漁法として着目され始めた。
明神宏幸はこの世界認証エコラベルの獲得に動き、2009年秋にはMSC（Marine Stewardship Council）を取得した。イッポンヅリ鰹＝ボニートは世界流通商品になった。
鰹がエコラベル商品になるとは想像できなかった。明神宏幸に出会って24年。わたしはエコラベル商品「IPPONZURI 鰹たたき」のデザインワークを進めている。

きょう、
新しい宅配便
はじまります。
JP
XPRESS
JPエクスプレ
本郵便と日本通運が、新しい宅配便会社をはじめます。
は「JPエクスプレス」。

rbulenzen der Finanzmärkte
Se
huge lead
Le pétrole fait flancher
EDF se lance officiellement dans la bataille d'Angleterre
Les entreprises pénalisées par la crise
British Energy

Nobody delivers the news like we do.
The Japan Times
Hakuho se
Emperor's
3-3524-0511
THE DAILY YOMIURI
SPORTS
SUMO
ho claims 10th Emperor's Cup
SOCCER
rcomes Bahrain, home hex
MOTOR SP
MELBO
Button
down p
for Bra
GLOBE
globe.asahi.com
ough

# 4 横のマチをつくる
左端から7cmの位置で折り目をつけ、
その半分をさらに谷折りして
マチをつくります。
反対側も同様です。

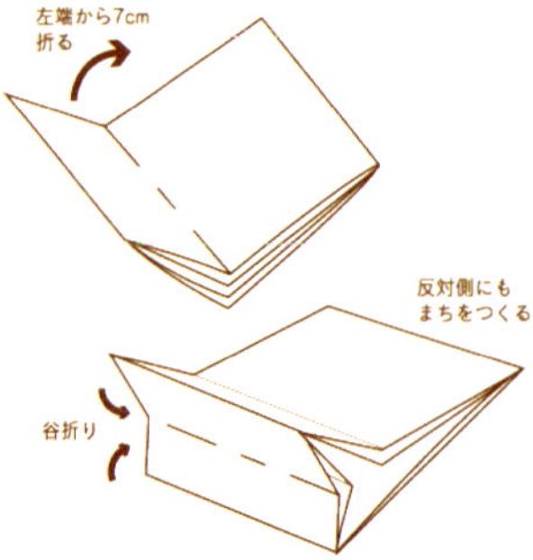


# 5 底のマチをつくる
底から9cm折りあげて、
左右同じになるようにマチを広げます。
丁寧さが求められる部分ですので、
気を付けて作業してください。

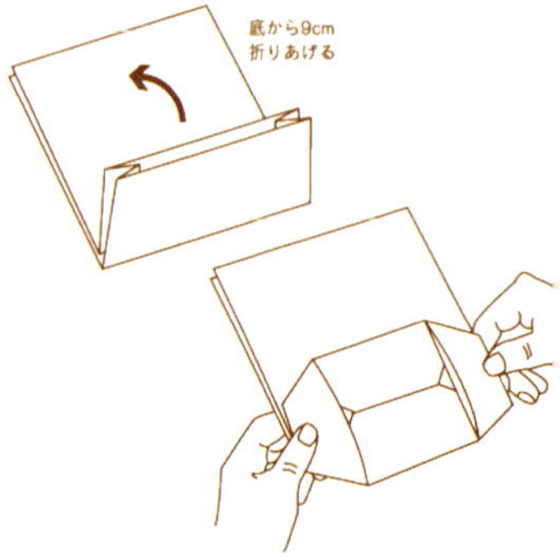


# 7 袋の口をつくる
上から2cm折り下げて
袋の口をつくります。
しっかりと押さえて、
糊が固まるまで待って下さい。

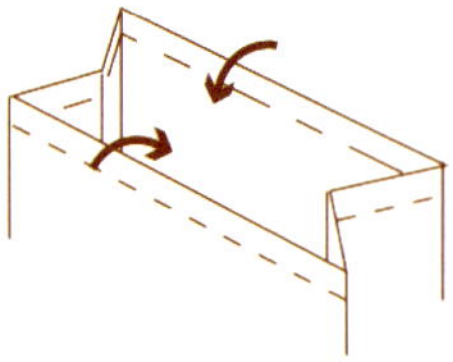

# 8 取っ手をつくる
新聞紙を1/4に切ったものを
お箸など長いもので巻きつけ、
糊づけして両端を切ります。
取っ手らしく形を整えましょう。

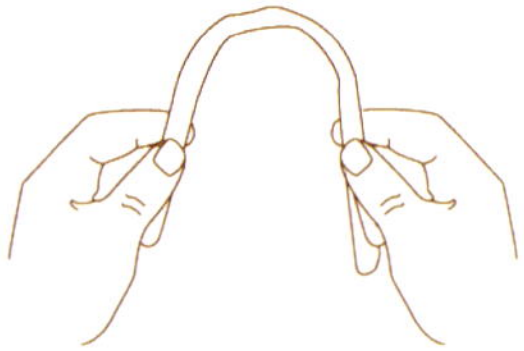

# 四万十川を新聞紙で包む

[地球を新聞紙で包む]

四万十川流域から依頼される商品のパッケージデザインは、全て環境に配慮したエコ素材を使うわけにはいかず、どうしてもペットボトルやフィルムを使用することになる。気になっていたせいかある日、そのバランスをとるため「流域で販売される産物は全て古新聞紙で包もう」というアイデアが浮かんだ。ボクが子どものころ、魚屋は、鰯を一盛り買うと、新聞紙を重ねてドサッと入れ、クックッと包んでくれるカッコイイラッピングだった。四万十川ではポリエチレンのレジバッグは使わないのだ、全長196kmを新聞紙で包みたいと思った。魚、野菜、乾物、からチューインガムまで……

新聞で袋を作ることにした。約1,000戸の家で1軒が10枚作れば、1日1万枚。1ヶ月で30万枚できる。自分でその数字に驚き、毎月30万枚の新聞袋をレジバッグ代わりに、高知の大手スーパーに販売するのはどうだろうか、当時(2004年)ポリエチレンレジバッグは7円だった。この新聞袋を同じ値段で買ってもらえないか。そうなると、流域で作る新聞袋が大きな環境産業になる。月にすると、30万枚×7円=210万。1年間で2,500万円の産業だ。ところが、この新聞袋は結構弱く、すぐ破れてしまう。そんな時、登場したのが、地元に住む主婦、伊藤のおばちゃんが考案した新聞バッグだった。

「伊藤式四万十川の新聞バッグ」はすごくしっかりしていて、表に出てくる面によってトテモおしゃれなものになる。さらに伊藤さんは、新作デザインをどんどんと発表した。

道の駅「四万十とおわ」では、そのバッグを有料レジバッグとして使い始めた。お客さんは150円で「新聞バッグ」を買い、買った商品はこれに入れて持ち帰るスタイル。四万十川のシチュエーションではそれが自然体になった。

そうこうするうち、なんとアメリカからも注文があり、ボストンの美術館に置かれているらしいことがわかり、イギリスではポールスミス社からリクエストがあった。

SHIMANTO
NEWS PAPER BAG

shopping world link

# 四万十川新聞バッグの作り方©

concept
about us
workshop
licence
shopping
education

※特許出願中

ここでまた私の妄想が始まった。ニューヨークタイムズ紙で作られた「四万十川の新聞バッグ」がマンハッタンで使われている風景を思い浮かべる……。パリっ子がル・モンド紙を使ったバッグを作って持ち歩いている。もちろんケニアでも……
再利用していくニッポンのこころ「モッタイナイ」が広まる。そうして世界中にひろがれば、世界の人が楽しみながら地球をクリーンにできる。「四万十川を新聞紙で包もう！」妄想は「地球を新聞紙で包もう」妄想に変わってしまった。
「オリガミ」と「モッタイナイ」が合体した新聞バッグが地球を救う？

そんなおり「新聞バッグそのものは商品にならないが、"作り方"は誰もが欲しがる商品だ」と言い出したのはミモトタカシ。元、暴走族、今パッケージ資材会社社長の変人だった。
新聞バッグ自体を1,000円で買うのは抵抗があるが、"作り方" なら1,000円で買いたい。そんな人がたくさんいるというわけだ。
伊藤のおばちゃんの新聞バッグ教室を展開しながら広めようとしていた私に新しいヒントを与えた。
おばちゃんが教えに行く、おばちゃんだけが知っている、おばちゃんに聞かなくちゃわからない、おばちゃんに習いに来なくちゃ作れないというのもステキじゃないか！　と考えていたのだけれど「地球を新聞紙で包もう」とするならば、おばちゃんの新聞教室だけでは間に合わないかもしれない……
「四万十川新聞バッグの作り方」なる商品研究がはじまった。
まず、外袋は、クラフト紙を二つに折り、両サイドをミシンで縫う。不況で仕事がなくなった町の縫製工場の仕事を作った。作り方レシピは、図解、だけではわかりにくいというので、DVD付きにしようとしたが、DVD自体「環境」に対して違和感がある。ホームページにアクセスし、パスワードでログインすれば、世界の人が新聞バッグの作り方を知ることができる。（進行中）

四万十川
新聞バッグ
の作り方
sports
ens up huge lead
Nakamura-led Japan beats Bahrain
Hakuho se
Emperor's
ried the day in World Baseball Classic

このシステムを構築すると、とんでもない“金”が入ってくる気がする(まだ、まったく入ってない・笑)。その“金”をもう一度社会に押し出したい。新聞バッグで得た利益は、企業も行政もやらない「あたらしいクリエイティブ」に使いたい。あたらしい社会システムを作るのだ。(自家用ジェット機を買ってはいけない)
先日、フランスに行ったときに、ル・モンド紙を持って帰ってきて、作ってもらったら、このようになった(44頁、下から3つ目)。日本の新聞とは全く違うニュアンスのものができる。
2008年末。映画プロデューサーのリンダ・ホーグランドに見せ、ニューヨークに持ち帰ってもらった。「デザイナーや、アーティストたちに見せたら“WAO!”と驚くので、これはいける! ただしアメリカ人は不器用で、こんなめんどくさい作り方はまずやらない。日本のアニメを前面にもってくるもの、デザイン的にすぐれているものを選んで送ってよ、そっからはじめよう」とアドバイスがあった。
リンダ・ホーグランドは「千と千尋の神隠し」のアメリカ版字幕スーパーの翻訳者であり映画プロデューサー。日本とアメリカを行き来する日本通である。「今、アメリカはグリーンニューディール政策によって、そのような風が吹いている。このバッグの名前は“グリーンバッグ”いや“COACH”のパロディーで“KOCHIバッグ”がいいんじゃない!」(笑)という。N・Yデビューはいつか!

**依頼人 | 畦地履正**

(株)四万十ドラマ社長。もと高校球児。体育会系の統率力と責任感あり。道の駅「四万十とおわ」の運営がうまくいき、全国から地域ビジネスのお手本として視察が相次ぐ。現在絶好調のラッキーボーイ。(71、127頁)

じょんのび

高柳

# タノシキ農村

[フランス語ではありません]
新潟中越のお国言葉。「のびのびして芯から気持ちいい！」ことをいいます。大きく、ゆったりとした音感「じょんのび」。なんとその語源は、「じょん」は寿命の「寿」、「のび」は「延びる」。これを合わせて、「寿命が延びるようだねェ〜」というのです。新潟県刈羽《かりわ》郡高柳町(現・柏崎市高柳町)。この町では、村の生き方を「じょんのび」に託して、豊かな農村を築いてきました。
その仕掛け人が、じょんのび課長と呼ばれる、春日俊雄さん。「じょんのび高柳」の理念は春日さんの想う農村の豊かさを言葉にしたものでした。

「じょんのび」とは、ゆったり、のびのびとして芯から気持ちいいという高柳のお国言葉です。日の出から暗くなるまで精を出しての仕事を終《お》やし、風呂に入って「アアー、じょんのびだない！」(中略)
「今日は、らっくらとじょんのびしょうでねえ」と言ったりする。つらく、難儀な時間の後に、これらを吹き飛ばし、忘れさせて、なお余りある心地よさの「ごほうび」が「じょんのび」なのです。
「快適」では表現しきれない、体の奥底から生まれる新たなエネルギー、自然に湧き起こってくるエネルギーです。
経済性の無いもの、便利でないもの、効率的でないものは近代化の中で「負」の烙印を押され、次々と消えてなくなりました。しかし、この「負」とともに、じょんのびはあります。
地域の営みがつくりだす関係性の深さこそ、じょんのびの根源であり、心の拠り所なのです。

(『じょんのび読本』より)

**依頼人｜春日俊雄**

当時、高柳町地域振興課長。新潟県初の観光カリスマ。たしか関西の大学を卒業した後、松原市の職員だったと聞いた。感性豊かで勘のいいおじさん。体がよく動く。シャカリキ働く人だ。自身、環状集落・荻ノ島の茅葺きの家に住む。合併後、柏崎市に勤務。じょんのび村から、原発のある町への勤務。その落差を思うと、そのご苦労が想像される。

さらに、「じょんのび」は続く。
暮らしの源、原形から受ける「居心地のよさ」／農の場（田、水、作人、村）が見える「確かさ」／自然と向き合っている「気持ちのよさ」／厳しい風土の中で育まれた「人間らしさ」、「知恵の豊かさ」／営みが作り出す「情景の濃さ」／小さいことの「優しさ」

なぜニッポンは、こんな農村の豊かさを捨ててしまったのか!?
「農」という字は「豊」という字に似ているのに……。畦道はコンクリートになり、春の小川はサラサラゆかず、岸のすみれやレンゲの花に目をやらない日本になってしまったのか？
そしてなぜ、この町にはもう一度「農村の豊かさ」を見直す力があったのか。町長をはじめとする行政スタッフの人材があった。また、町民も豊かな感性があった。じょんのび課長・春日さんのキャラクターがあった。春日さんという人に会うと、いまでもホッとする。新潟の人らしく、お国言葉で、自分の生まれた村を愛しているオーラが伝わる。じょんのびの生き方を持っている。
わたしは、この村に、江戸川大学教授・鈴木輝隆と7年間通い、村人にしみじみいろんな事を教えられた。
そんな時間の中で出会ったのが、この達者なお2人。たった3分程で5つのタマゴを藁のクッションつきキャリーバッグにしてしまう春日和子さん。目のきれいに詰んだ円座を作る永井庚蔵さん。「どうかこの町に来て下さい」なんて言わなくても、このありのまま、あなたの表情がワンダフル!!!　「作・じいちゃん」「作・ばあちゃん」のじょんのびが、ほくほく線十日町の駅構内にならんでいます。

四万十川の
青のり
原藻
加用物産
カヨウ
土佐・中村

# 川のりを干す風景

[よごれた川]

四万十川の青のり（学名は緑藻類スジアオノリ）の全国シェアは95％以上。四万十川が日本最後の清流であり、日本の川がいかに汚れてしまったかがわかる。

昭和58年、60トン採れた天然川のりは、平成21年わずか1トンという瀕死状態である。

子供のころ、近くの小店には、藁ひもで束ねた青のりをどこでも売っていて、よく買いに行かされた。あぶってご飯にかけ、毎朝食べていた。時々、ガリッっと石が入っていた。

青のりは、海水と淡水の混じり合う汽水域にしか成長しない藻類で、成長条件が難しいが、一度その条件が整うと、一日に30センチものびるらしい。

大手食品会社の、のりの佃煮などの風味付けとして原材料流通していたが、25年前、自社商品として販売し始めた。

2月には寒風の中、四万十川の河川敷に青のり干しの風物詩が見られる。このニッポンの風景が大事なのだ。

どんな人が採ったのか。どんな人が干したのか想像してしまうデザイン。デザインをするとき、ボクの頭の中には常に「風景」という言葉がある。

依頼人｜（有）加用物産

島じゃ常識
さざえカレー
SAZAE CURRY
隠岐島
海士町
あまちょう
200g/1人前

# 島じゃ常識

[離島のカレー]
島根県の離島。隠岐島・海士町《あまちょう》。そこでは町の食堂に、あたりまえのようにさざえカレーがある。
「この島は豊かやなァ」と思ったけど、実はそうではなかった。牛肉を入れたいのだが……そうはいかない。さざえなら島の周りにウヨウヨいる。だから、カレーにさざえというわけか？ 隠岐どうぜん農協婦人部・後鳥羽グループは、その商品開発にちょっととまどっていた。
おばちゃんたちが自信を持たないと売れるものも売れんでしょう。パッケージを依頼されたわたしは土佐から山を越え、海を越え、また山を越え、荒海を越え、島を訪れたあと、2ヶ月後、もう一度山を越え、海を越え、「島じゃ常識・さざえカレー」のプレゼンに向かった。しかし、その反応は役場の人もおばちゃんたちもすこぶる悪かった。恥ずかしいからやめてくださいと言われてしまった。別案も考えたが、時間切れとなり、不評のデザインはしぶしぶ了解された。
「島じゃ常識」というメッセージにマスコミの目が止まった。田舎商品は広告ができない。だから、商品自体にメディア性を持たせておく。つまり、商品自体が電波であるとボクは考えている。「島じゃ常識」は、テレビ局やら雑誌やら新聞やらの効果によって、離島のブランドになって行った。
1年たったころ、「島じゃ常識」を使って「島じゃ常識グッズを作ってよいか？」(笑)という打診が役場サイドからあった。なんやと！ あれほど嫌がっていたやないか？　いまでは「島じゃ常識館」という物産館もあるという。このさざえカレーをきっかけに、隠岐牛、岩がきの養殖、などが始まり、今ではこの島に160人のIターン者が増えたのだと、ありがたがられた。(ホントダトウレシイ)

依頼人 | **玉沖仁美**

当時、リクルート地域活性化事業部。半島振興法による半島資源調査を依頼され、一緒にニッポンのはしっこを4年で踏破した。その後、海士町から依頼をされた観光事業の一環として「さざえカレー」をまかされていた。リクルート本社では「うちはカレー屋じゃないんだから！」と部長にイヤミを言われていた。この人もニッポンのはしっこが気になる女だった。昔、幼稚園の先生だったスーパーウーマン。

四国・高知
ぽん酢しょうゆ
ゆずの村
馬路村

# むら

[村か町か]

単品で年商30億円以上。「ぽん酢しょうゆ・ゆずの村」。当時、馬路《うまじ》村《むら》農協営農課の東谷《とうたに》さんはゆずの希釈用ジュース「ゆずの園」を開発し、10年間その販売に奔走していた。一村一品運動の盛んだったころである。努力の甲斐なく、この商品はまことに売れなかったが東谷さんはやめなかった。ある日、日用品である調味料のぽん酢の開発に取りかかる。これも当初は売れなかったが、ある日、西武百貨店の主催する101村店で最高位・最優秀賞を受賞。ビンの片口に受賞を知らせるラベルを貼ったころから爆発的に売れ始める。次々と新商品を展開し、あれから20年。馬路村農協は38億円を売り上げる大企業となった。農協、自治体は合併せず独立国の態様である。

東谷さんは、農協理事長になり、高知県全体の方向を示す水先案内人となった。

「正直ゆうて“ぽん酢しょうゆ・ゆずの村”の“村”という字が嫌やった。“町”になりたいのだと思っていた。ここに来て“村”で良かったと思う！ どっこも合併をして“村”がなくなった！ “村”は独特の個性になった。梅ちゃん！時代の先を見チョッタねえ！」。村は村として輝き続ける。

依頼人｜**東谷望史**

当時、馬路村農協・営農係長。現・代表理事組合長。観光カリスマ。馬路村生まれ。合併の道を選ばなかった組合長。27歳の時、夢に坂本龍馬が現れ「おんしゃの生まれた時代におんしゃのすることがあるろがや」と言って消えた。以来、人生に馬力がかかった。じっくり、ねばる、ねばる人。

SHIMANTO
しまんと
地栗
渋皮煮

# スタジオジブリではなく
# シマントジグリ

[農村再生]

地鶏。地酒。地牡蠣。は聞くが「地栗」は聞いたことがない。「ジグリ」。この違和感がコミュニケーションデザインの素となる。

「しまんと地栗」。

いまは四万十町となったが、旧十和村《とおわそん》だけでも栗の生産は日本有数であった。やがて、中国産に押され、価格が下がり、衰弱した産業になった。さらに高齢化により、山は荒れてしまった。

しかし、地域資源を活用しようという事業が始まった。「一次産業×デザイン＝あたらしい価値」。「あたらしい価値」は生活者に感知され、楽しまれ、売ってよし、買ってよしの商品となって流通する。中山間と生活者のバランスのよい経済が生まれる。経済が生まれる事によって山は生き返る。豊かな風景は持続する。

実際、材料が足らず、今年2010年から流域では山に栗を植える。

地元に元々あった「栗の渋皮煮」。渋皮煮はベタベタするので、外に出し、一つ、一つ、乾燥させれば「SHIBUKAWA DRY シブカワドライ」の出来上がり。

ローテクだが立派な商品開発。山の資源が、「地」のにおいをさせながら、ややハイカラな商品となって街に出て行く。山は生き返る。

しまんと地栗

# 地栗ペースト

新鮮な地栗をそのままペーストに。和洋菓子の材料はもちろん、そのまま食べるのも最高のぜいたく。

しまんと地栗

# 渋皮ドライ

渋皮煮を乾燥させて、食べやすく一つずつパッケージング。甘みと旨味はそのままに、新感覚の栗スイーツ。

しまんと地栗

# 渋皮煮

栗の甘味と旨みを存分に味わえる栗の渋皮煮。手間ひまかけて、じっくり煮込んだ懐かしい味わいです。

# しまんと地栗
## 高知県・四万十川
ZIGURI

**依頼人｜畦地履正**

（株）四万十ドラマ社長。出会った頃は、十川《とおかわ》農協（現・高知はた農協）の職員だった。ある日、ボクの影響か、農協を辞めてしまった。しばらくして、第三セクター・四万十ドラマの社員全国募集があり、責任者1名、臨時職員1名の組織の責任者となった。あれから15年、有為転変、生々流転、人間万事塞翁が馬の時が流れ2007年（株）四万十ドラマの社長となる。高校球児。ピッチャー。あの時、負けなければ甲子園出場を果たしたというエピソードの持ち主。(47、127頁)

# Guidebook

Private Resort

## Tenku no Mori

Southern Kirishima, Kagoshima Japan

Forget about the time.

# Concept

Situated upon a 500,000m² exclusive nature preserve,
Tenku-no-mori is an oasis of private serenity.
Accommodations include three villas
for over-night stays, two villas for day visitors, and a pavilion for concerts and parties.

Cast away the shackles of daily tedium and escape to our pristine forest paradise. Honest, organic cuisine and open, inviting facilities showcase the splendid wealth of natural. Under a panorama of endless skies and the lingering embrace of flitting breezes, you can open a dialog with a land that has been committed to sustainable living. Feel the blessings. Rediscover your true self, at Tenku-no-mori.

We strive to be your premier escape destination within Japan.
At Tenku-no-mori, time passes a little more slowly inviting you to get reacquainted with who you really are.

# Tenku Map

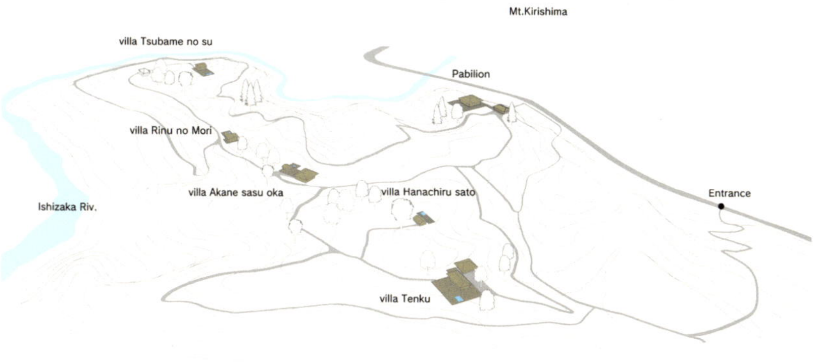

**依頼人｜田島健夫**

天空の森代表。まるで子供だね。子供おやじ。多動性。じっとしていない。オモシロい事は時間を忘れてやる、それが子供だが、ハンパじゃない。広大な森を購入し、だれも見た事もないオリジナルの風景をコツコツつくる人。その原点は、子供の頃の原風景にあるという。パリに孫が2人いるおじいちゃん。秀吉に似た天才である。もちろん左端の人。

# 天空のおやじ

[コムデギャルソン—子供のように]
田島健夫。「忘れの里・雅叙苑」の主人。日本の和式温泉旅館ブームを起した人である。ボクが会ったとき、この人は森の中にいた。30haの雑木林を買い入れ、森の中で少年のように無邪気に遊んでいた。この森の中に、想像も出来ないNEWリゾートを作ろうとしていたのだった。その後も、行く度、タノシそうに森と格闘していた。手入れをされていなかった竹林の整備。重機を操り、自分で道を作っていた。
ジープの後ろに乗れというので乗ると、森の中を案内し、ここはきれいになった。この木はもうすこし右にあった方がいいよね。このスペースはどう思う？ と、子供のように無邪気だった。
それから7年間、森と男を見ていた。8年目に天空の森、一次計画が完成した。
この森の中の宿泊棟も自ら設計した。図面がひけないので、別の工房で大工さんを雇って実際に建て屋を作り、原寸大のチェックをし、満足すれば移築する方法をとっていた。
庭にある露天風呂に入ると、下界は見えない。向こうには霧島連山。肩から上には何もない広大な「天空」が広がっていた。

開湯三百五十年
SINCE 1650
秘湯
鶴の湯
黒湯
子宝の湯
白湯
美人の湯
傷の湯
滝の湯
眼の湯
中ノ湯
TURUNOYU
☎0187(46)2139
秋田県
乳頭温泉郷
田沢湖

# 鶴の湯のフランス

[これでエエダス]

鶴の湯は、秋田県、田沢湖駅から40分。国有林の中の温泉旅館。わたしが日本で一番好きな温泉。

江戸川大学教授、ミツバチ先生こと鈴木輝隆のお引き合わせ以来、年に一度は来よう！ と誓い合う場所である。

鶴の湯は、いわゆる日本庭園で使われるような植物は一切持ち込まない。自生する植物しか敷地の中には入れない。温泉の目かくしはススキという具合で、人の行為を感じさせない。譲り受けた先代のセンスなのだろうか？ そうではなく、この温泉を引き受けたときは、モルタルの古いアパートみたいなものが建っている湯治場だったという。

どうしてこのスタイルなんですか？ と主人の佐藤さんに聞いてみたら……。視察で“フランス”の片田舎に行った。すると“納屋”に泊めさせられビックラした！ 牛小屋に人を泊めるダスカ?! と思ったが、日常そのままの良さを感じた。納屋の入り口には雑草がボーボー生えていた。

「これでエエダス」。その自然のステキがこの人の感性に伝わった。フランスの片田舎が、今の鶴の湯を作ったというわけだ。そこにものを加えていくんじゃなくて、そこにあるものでエエという、朴実としたスタイル。自分の場所にある個性を、自分のセンスで作り上げていくというこの人の感覚が大好きである。

その佐藤さんに、「ポスター作ってケレ！」と、言われた。この人の哲学にあうものはどんなものよ？ と湯に入りながら考えた。

デザイナーという人がまだいなかった時代。「製版職人さんがデザイナーだった時代のポスター」をめざしてコツコツ作り始めた。1色刷。大正時代のようなポスターが出来上がった。

# 秘
# HITOU
# 湯

# 秘湯は津波

[HITOH]

佐藤さんは「日本秘湯を守る会」の副会長でもある。世界に日本の「秘湯」を誇るため、あえて「HITOH」という言葉、サウンズをインターナショナルに展開したい！とロゴのデザインをつくることになった。「HITOH」は「TSUNAMI」になりうるのか！

依頼人 | **佐藤和志**

鶴の湯主人。質朴な、ズーズー弁のおやじさん。NTTは「エヌ・テー・テー」。新橋は「スンバス」となる。うわさによると、白系ロシアの血が混ざっているらしい。この人の眼は澄んでいる。アタマは禿げている。
日本秘湯を守る会副会長、（社）田沢湖観光協会会長。観光カリスマにも認定されている「秘湯カリスマ」。和やかで温もりのある性格はごらんのとおり。

伊勢あさり
手掘り
すぐ調理できる
三重

# ヤンキーのあさり

[ぷりぷり]

地域の天然の資源を見つけ出し、価値ある商品として磨き上げ、あたらしい価値を作り出そうという事業「三重ブランドアカデミー」略して「ブラアカ」。事業者が持つ悩み、ひと山超えることのできない商品、なぜか売れない商品、その商品力をアップさせるトレーニングと実行の場がこのアカデミーなのである。ワタシはそのメンバー。もと『オレンジページ』編集長・山本洋子。もとリクルート・玉沖仁美（61頁）。がお手伝いをしている。

（株）荒木海産はブラアカに参加する事業者。主に「あさり」を事業の柱としている。

ヤンキー風荒木社長は「あさり」を会場に持ち込んできた。コンロでサッと作ったあさり汁の旨いこと！ 今も忘れられない！ さっぱりと、甘みのあるスープ。

伊勢湾は、宮川、五十鈴川、木曽三川からミネラルを含んだ山水が流れ込む。だから栄養豊富な海で育つ伊勢のあさりは「ぷりぷり」なのだ！

「あさり」を椀に2〜3個入れ、熱い熱い熱湯を注ぎいれるだけで吸い物が出来そうなあさりである。ワタシは土佐に持ち帰り大喜びでもう一度賞味した。

その後、荒木社長は「伊勢 手掘り あさり」をブランド化したいと言いはじめた。

みょうにこの人とは気が合うので、現地へ出かけた。

二見《ふたみ》町《ちょう》今一色《いまいしき》という不思議な名前の海だった。小舟で10分も走ると現場に着いた。豊かな海だという事はすぐわかる。荒木さんは、漁協の人と一緒に船を降り海に入った。ガサゴソやるとすぐにあさりが採れた。海底からじかに掘りあげる漁法、だから、貝をいためず、海も元気。

いせ
てぼり
あさり
ぷり
ぷり

「伊勢 手掘り あさり」の定義は
一、海を限定　二、旬を厳選　三、鋤簾《じょれん》で手掘り
四、砂出し万全　五、もちろん無添加
となり、環境とともに、資源管理を考えたあたらしい漁業として注目されるにちがいない。こうゆうシゴトは性にあう。
……デキタ!
この「伊勢 手掘り あさり」のロゴタイプがやがて伊勢の風景の中に溶け込み、このポスターを貼った横で伊勢 手掘り あさりの「あさり汁」をすする。伊勢 手掘り あさりの「ボンゴレ」を食べる。あさりの業者さんが、海からあたらしい価値を創造する。思ってもみなかったシミュレーションだ!
デザイン案のプレゼンテーションを見に、荒木社長はブラアカの責任者、三重県庁マーケティング室、山戸竜基とともに土佐にやってきた。「もう引き返せない。やります!」とヤンキー社長に気合いが入った。

依頼人｜**荒木平**

(株)荒木海産4代目社長。ヤンチャ顔。大阪の市場でやっちゃ場修行ののち、どうゆうわけかジェットスキーにはまり、アメリカの大会を渡り歩くこと5年。やっと稼業を継ぐ決心をし4代目社長となる。私がおじいチャンに似ているということから、親しみを感じているらしい。日本酒を飲むとキレルらしいのでビールでお願いしたい。

秩父の
柿
す
酢
kakisu
秩父の
柿
す
酢
kakisu
200ml

# シブガキ隊

［加齢臭］
埼玉県皆野《みなの》町は、シブ柿の産地。
柿の収穫は重労働。高齢化によって収穫出来ず、ポタポタと落ちている。地面に落ちた柿は腐る。「腐る」は「発酵する」である。「発酵」からは「酢」ができる。つまり「柿酢」。「実」ではなく「酢」で売ろうというわけだ。
柿の実を取るのは地元で結成したボランティアグループ。その名も「シブガキ隊」(笑)。「シブガキ隊」でワタシのシゴトのスイッチがオンとなり、デザインが始まった。
「シブガキ隊」はどうしてもはずせない。「シブガキ隊ストーリー」はボトルの片口にしおりとして付けた。
果実酢ブーム（2007年）到来。健康志向からあらゆる果実の酢が作られていた。ある調査ではブルーベリー酢が一番人気。「秩父の柿酢」も思いがけず売れて、2年目も商品開発は継続した。
皆野町商工会からの次の商品開発の依頼は、「柿渋」を使った新しい石鹸。それも「女性用」という依頼。そのとおり進めていたが、そうじゃないんじゃないか?!　これはどう考えても「おやじの石鹸、加齢臭がとれる！」だろうと……
依頼どおり、女性用のデザインは作り、もう一方で「男の石鹸」というデザインを提案した。
しばらく返事がなかったが、「男の石鹸」で行く事に決まった。
薬事法のチェックを受けた。「ナチュラルパワー」は「ナチュラル素材」に。「角質トル」は「汗スッキリ」に変更させられた。商品サンプルが届いて使ってみたら、ネットリとして爽やか。本当に加齢臭がとれた（笑）。

商品はすぐ売り切れ、すぐ2刷りに入った。
◉うちの子供の足が本当に臭くて、「足の臭いだけはオヤジだね」なんて言ってました。使ってみたら、本当に臭くなくなった。(34歳

秩父カキシブ
汚レオトス
汗スッキリ
ナチュラル素材
男の石鹸
"柿渋"は古くから、染料、塗料など、
生活必需品として日常的に使用されてきました。
『シブガキ男の石鹸』は、秩父地方で
昔から栽培されてきた渋柿から作った"柿渋"を使用した、
ナチュラル素材の石鹸です。
シブの力

ママ）◉ダンナ様の消臭効果を実感して私も使っている。臭いを抑える洗浄力なのに、カサつかない。しっとり感があります。（41歳 ママ）◉彼氏の体臭がけっこう強いので使ってみたら、やっぱり効きますね。私も使い始めました。（28歳 女性）

「女性用」とせず、「男の石鹸」としたのにもかかわらず女性が使い始めた。「お父さんに買っていってあげよう」と言いながら実は自分が使っているらしいというのである。

きっかけを掴んで商品をつくっていく力。全ては皆野町商工会の関口さんのすばらしいコーディネートだった。

昔から柿があった。高齢化とともに衰退した。子供の頃「おやつ」としてお世話になった柿に恩返しをと、ボランティアを募集し「シブガキ隊」と名付けた。収穫し、酢を作り、石鹸を作った。農村の工夫。コツコツやっていくことで、少しずつドアは開かれ、社会とのパイプができてきた。やらなかったら何も始まらなかった！ ワタシのこの仕事のモチベーションは「シブガキ隊」だった。柿のある風景を守りたい。そこにデザインがうまくかみ合った。田舎が生きていく道を探っている商品だった。

先日、関口さんから電話があった。「カキシブ石鹸をフランスで販売したい。外国人の方が臭いでしょう？ そのプロデュースをお願い出来ませんか……」。ローカルはグローバルに通じる。

**依頼人｜関口恵美子**

皆野町商工会経営指導員。この人元気やわ〜。子供の頃からの柿への思い入れから、荒廃した柿畑を再生し、美しい農山村風景を守れないだろうか、と「柿のわ事業」を立ち上げる。ぶっきらぼうだがパワフル。若い頃、自動車の内装デザインのシゴトをしていたらしい。

北山村

北山村

北山村
原種原木
じゃばら
北山村
じゃばら
果汁

# 邪を払うじゃばら

［とおい村］
池袋の正林《しょうばやし》国際特許商標事務所に集まれ！ 東京農工大客員教授・福井隆からの指令だった。そこには二人の村人がいた。和歌山県北山村の職員、花岡邦明と池上輝幸だった。日本唯一の飛び地村（同じ県なのに、地続きではない村）で人口500人の村だという。
この村には「じゃばら」というみかんがある。20年前、この村に、2本しか自生していなかった原種を福田さんという人が見つけた。変わったみかんで、強烈な個性があり、「種苗登録」をして、この柑橘を村の産業に育てようと、村をあげて栽培した。
20年がたった。村の産業としてはイマイチの結果だった。「種苗登録」は20年間で切れ、2007年、権利はなくなった。というわけだ。
正林さん行きつけの近くの居酒屋に移動した。魚屋のオヤジが即、居酒屋のオヤジになる店で、右が魚屋、左が居酒屋。オヤジは右から壁を透過してやってきたかのように見えた。
ここで、村の二人は「じゃばら果汁」を取り出した。何にかけても旨い！ おまけに焼酎を割り始めた。最高！ この夜、福井隆とわたしは、一挙にじゃばらファンになってしまった。
これしか産業のない500人の村！ どこも合併してくれない山の中の僻地。味がいいのに売れないみかん！ こうゆう状況にモチベーションが反応してしまう。
ブレーンとしてじゃばら戦略会議に参画することになった。
業界の先駆者、馬路村の農協組合長、東谷さん（65頁）に電話をし「じゃばらをやります」と仁義をきっておいた。

現地で取材に入った。
A.「じゃばら」の名前の由来は？「邪を払う」。「蛇腹」じゃないの？ いえ、「邪払です」。だったらその「邪払」という「ゴリヤク印」を使わない手はないでしょう！ さっそく、リニューアルする商品のパッケージ全てに「ゴリヤク印」を付けることにした。

邪を払う水
Jabara Water
じゃばらウォーター
紀州のへんなみかん じゃばら
果汁3%
140ml

B.「じゃばら」それは「魚」か？「肉」か？「果物」か？ 想像もつかない。それが売れない理由である。最速のコミュニケーションデザインは？ 何か！ そこが全てだ、ここに膨大な時間を費やした。
「ゆずじゃない！ すだちでもない！ とんでもない！ 紀州の変なみかんじゃばら！」。ゆずを引き合いに出した上で、自らが「変なみかん」というコミュニケーション 。
C.そこに登場するじゃばらキャラは、頭に双葉のようなちょんまげで原種原木を意味し、ちっとも可愛くないキモキャラ。

この、A.「ゴリヤク印」B.「フレーズ」C.「じゃばらキャラ」を組み合わせ、一気に相手に情報を渡してしまう事だ。この、コミュニケーションデザインキャラ入りパッケージにリニューアルしたとたん、さっそくの「ゴリヤク」。アリガタヤ！
岐阜大学から「じゃばらは花粉症に効く」の学会発表があり、数々のテレビで取り上げられると、爆発的に売れ始めた。楽天総合ランキングTOP100で売り上げナンバーワンを数日続けるという大事件。村は大騒ぎとなり、連日連夜の徹夜態勢だった。じゃばら果汁のラベルが足りないと、じゃばら村センターの杉浦有紀からのメールが夜中に入っていた。
じゃばらは花粉症に効く。「花粉」が「邪」でそれを払うのが「じゃばら」。
ストーリーが出来上がった。そのストーリーを展開すると……
◉邪を払う・じゃばら塩（いろんな料理に！ 離島の天然塩＋飛び地のコラボ）◉邪を払う・じゃばら飴（カジュアル「にがあま」スウィーツ）◉邪を払う・じゃばらTシャツ（人生スイスイTシャツ）◉邪を払う・じゃばら消しゴム（邪が消える受験用消しゴム）◉邪を払う・じゃばらマスク（じゃばら成分マスクで、花粉症対策）◉じゃばら焼き肉のたれ（エバラではない）etc.……と次の産業が見えてきた。（妄想だけど）

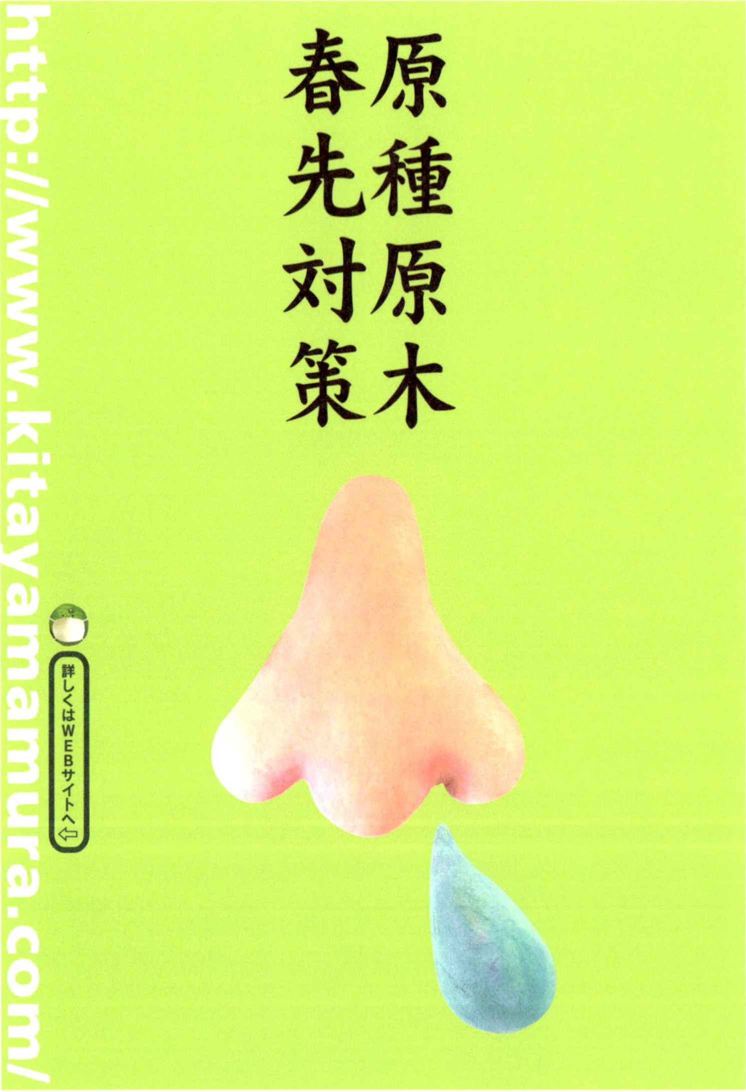
原種原木
春先対策
http://www.kitayamamura.com/
詳しくはWEBサイトへ

役場職員の名刺は「邪を払う名刺」としてひっぱりだこの奪い合い。役場ステーショナリー、封筒もまた……。というふうに、ゴリヤクコミュニケーションは広がって行く。
手強い、先の見えない仕事だったが、ヤヤ、先が見えてきた。
この村は、ウンザリスルほど遠い。高知から朝8時の飛行機を使って、北山村着は午後4時近くになる。高齢化したわたしには過酷である。
ニッポンの飛び地、ニッポンの離島が、その個性を生かし、あたらしい価値を生み出すクリエイティブ。ローカルがユタカでなければニッポンはユタカではないのである。

**依頼人｜奥田貢**

和歌山県北山村村長。建設省出身。日本唯一の飛び地村。村長自らが定額給付金を支給する場面を取材しようと、テレビ局が押し寄せた。その際、取材陣にこの村特産の「じゃばら」が花粉症に効くという事がわかり、そのニュースが広がった。500人の村の村長は体を張ってがんばっている。

# げんぱつに
# げんこつ

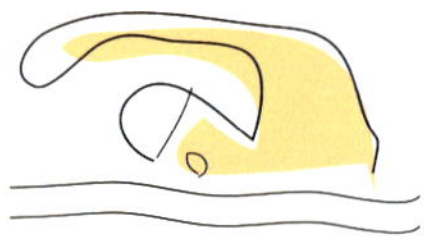

### 海は元気です

中越沖地震。事故レベルは「安全に影響を与えない」0マイナスでしたが、皆さんの怒りのレベルは計り知れません。ごめんなさい。柏崎市は独自に放射能量のデータ収集を行って観測体制を強化しています。けんぱつにげんこつ。柏崎の海は元気です。町のこと、海のこと。どうか、正しい情報を知って下さい。

**柏崎市** みんなで荒波乗り越えよう

# ラフスケッチ

[原発の町]

2003年、新潟県刈羽郡高柳町は、柏崎市と合併した。高柳町のじょんのび課長春日さん（52頁）は、柏崎市観光課長になったと伝え聞いた。小さな町のじょんのび課長が、真逆の巨大テーマに立ち向かっている姿が浮かんだ。
そんなおり。春日さんからなつかしい新潟弁の電話が入った。「中越沖地震の大被害後の観光復興のために力を貸してほしい！」。
柏崎といえば「げんぱつ」。大きなテ—マをかかえる町だ。わたしにとっても憂鬱なテーマだった。
柏崎に打ち合わせに向かうまでに、勝手にラフ案を作ってみた。
「げんぱつにげんこつ」。みごとな傑作。ときどきパートナー池田あけみのコピーである。「問題だよねゲンパツは」という社会意識を底辺にした問題作であった。軽いタッチでイラストを添えた。
柏崎市役所でおそるおそるラフスケッチを見せた。春日さんは「地震のあとすぐだったら面白かったネ」とかわした。（うまい！）
中越地震から1年もたとうとしていた。寝た子を起こしては観光復興にはならなかった。この案はもちろん「ボツ」となった。だが、ワタシは今でもこのラフ案がお気に入りなのであった。

依頼人｜なし

かみこや
WaShi Studio
紙すき体験 民宿

WaShi Studioがあります
オランダ人手漉き和紙工芸家　ロギール・アウテンボーガルト。様々な手漉き紙を作り、その紙はさらに灯りやオブジェへと姿を変えます。そんな紙の魅力にますますとりこになってゆく工房があります。

# てらこやのようなかみこや

[畑から和紙をつくるガイジン]
もう高知に来て30年になる。ロギール・アウテンボーガルトさん。30年前、オランダからシベリア鉄道で日本にたどり着く。和紙の生産地を訪ね歩くうち、奥さんの千賀子さんと出会い、高知県伊野町（現・いの町）に住み、和紙職人の道を歩き始める。その後、さらに山奥の梼原《ゆすはら》町に工房を移した。ロギールさんは原材料を自分でつくる。楮《こうぞ》・三椏《みつまた》を近くの畑に植えている。日本の暮らしの成り立ちを知らずに、紙漉《かみすき》の技術だけを学んでもダメだと思ったからだ。米や麦、野菜を育てながら、紙漉が農家の暮らしや自然と繋がっている事を知る。この土地に来て17年、2008年「かみこや」をオープンさせた。紙漉き体験やワークショップ、宿泊も出来る和紙スタジオ。千賀子さんのナチュラルな手料理がうわさを呼んでいる。

から紙を作っています。
こやの和紙作りは、畑を耕し種を撒き、育てるところから始まります。楮・三椏のは真冬。刈り取って蒸して皮をはぎ、来分を蓄えておきます。高知の山の自然そのを紙に漉いていきます。
紙すき体験ができます。
かみこやでは、土佐の匠にも認定されているロギールの手ほどきで、技術としての紙漉だけでなく、日本の紙と山の文化に触れることができます。2時間だけのコースで楽しみながらもよし、本格的に修行するもよし。
泊まれます。
四国カルストを背景に四万十川の源流を眼下に見下ろす和室で、和紙の灯りや障子・壁紙に包まれてゆっくりお休みください。
食事も環境もオーガニックです。
心も体もさっぱり、すっきり。

**依頼人｜ロギール・アウテンボーガルト**

紙漉き職人。高知県伊野町で和紙の技術をならうため、オランダからやってきた。梼原町に移り住み、「かみこや」を始めた。職人と会うために初めて高知に来た時、川の美しさに圧倒されたという。高知で30年の時が経った。「高知って簡単に去ることのできない場所」だという。

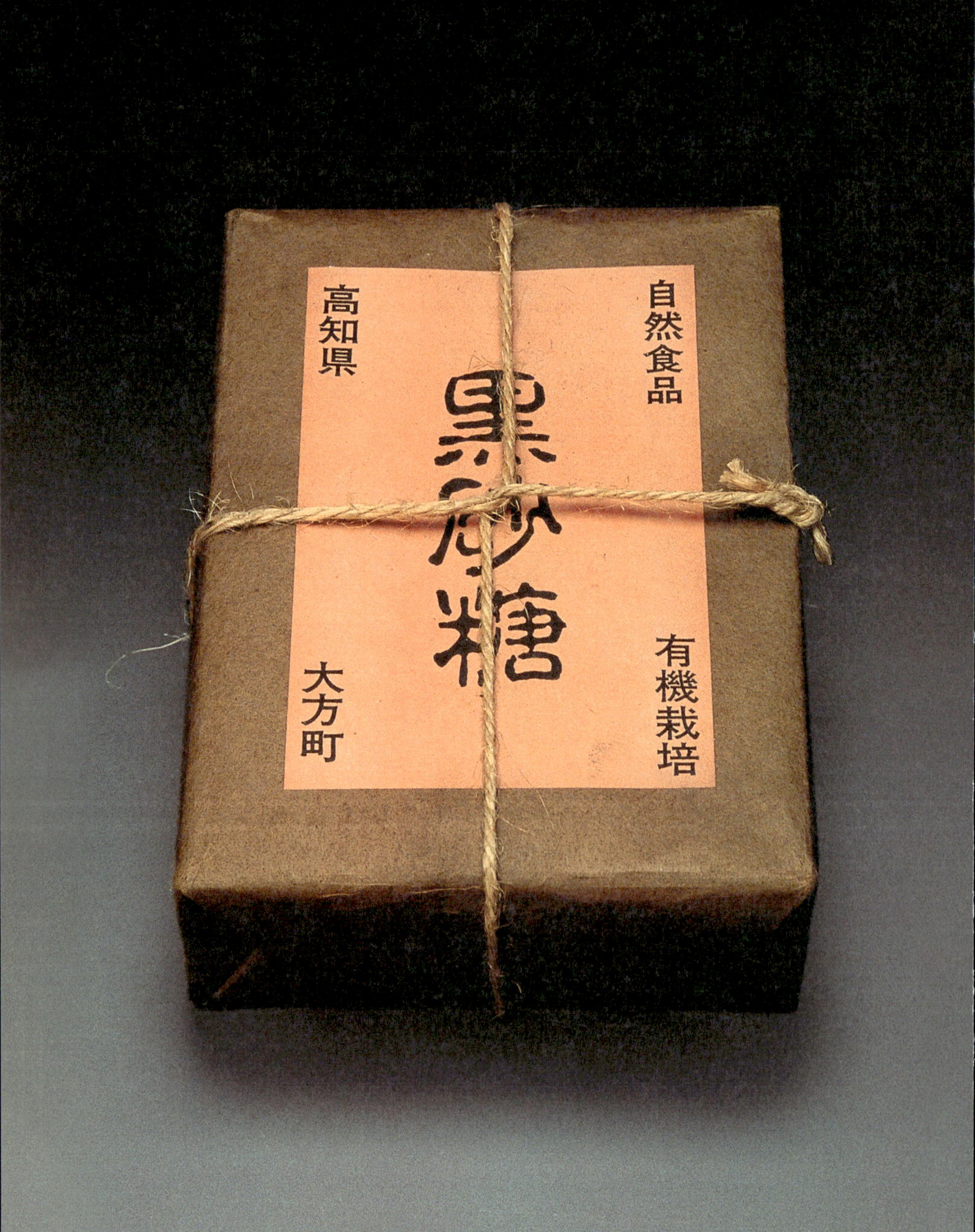
自然食品
有機栽培
黒砂糖
高知県
大方町

# オーガニック

[江戸製法]

1988年、高知県大方町（現・黒潮町）に砂浜美術館をプランしました（20頁）。風土のなかにあるすべてのものが作品というわけです。
サトウキビ。これも砂浜美術館の作品。砂地が適地の作物です。その上、ほどよい潮風を受けるため糖度の高いサトウキビになります。
大方精糖生産組合は高齢者で作る製糖所。江戸時代と変わらぬ製法で作っています。木の折り箱の中に、煮詰めた黒砂糖を流し込むというオーガニックな手作り商品。
油紙一枚。シール一枚。荷造り用のひも少々。で、このような表情になります。デザインをあまり加えない。素材の選び方一つで、おいしさというのは表現できる。存在感のある、その土地らしい表情を作るのが、わたしの仕事です。

依頼人｜**大方精糖生産組合**

BREWED AND BOTTLED BY
HOJYO WINERY
TOTTORI JAPAN
製造者　北条ワイン醸造所　山田定廣
HOJYO WINE

Nouveau
BREWED AND BOTTLED BY
HOJYO WINERY
TOTTORI JAPAN
製造者　北条ワイン醸造所　山田定廣
HOJYO WINE

HOJYO
WINE
果実酒
BREWED AND BOTTLED BY
HOJYO WINERY
TOTTORI JAPAN
製造者 北条ワイン醸造所 山田定廣

# シロ・ド・イナカ

[純国産・砂丘のぶどう]
ぶどうは水はけの良い土壌を好むらしい。
鳥取県日本海沿い北条砂丘、ここは砂地なのでよいぶどうができる。ぶどう栽培から醸造まで、丁寧な仕事をする「北条ワイン醸造所」。あまり知られていない。工場はレトロ、というより老朽化している。ワインはいける。
1944年、ワイン醸造の過程で採取される副産物「酒石酸」は兵器の製造に必要で、軍需省からもちかけられ創業という歴史がある。
パラパラと少しセンスをふりかけるだけでこのワイナリーは超人気スポットになるだろう。
砂丘のぶどう畑の中に小さな小屋を作り、試飲をさせる、それだけでいい。素材がそばにある安心感は、ワインを何倍もおいしくさせる。社長に商売気があればなぁ〜。ただただひたすらワインをつくり続ける貴重な人だ。地産地消の国産ワイナリー。その「誠実さがおいしい」としよう。

**依頼人｜山田定廣**

北条ワイン醸造所社長。「ほんとうに人が良い」という言葉はこの人のためにあるような……いまどきめずらしい人物。誠実そのもの。砂の上の町北栄町在住。息子、3代目山田章弘はフランスで醸造・栽培を学んで帰国。期待をしよう！

天日塩
土佐
natural
salt
gerato
高知アイス

## カツオとアイス

**[塩アイス]**

**夫婦が訪ねてきた。高知アイスという会社の社長とその奥さん。巨漢の社長は土佐佐賀町(現・黒潮町)出身で、家の前が明神水産、明神宏幸宅(36頁)という。高校生の時、見る見るうちに大きくなっていく明神水産をずっと見ていた。やがて社会人になり、念願の冷菓業を始めた。**

**10年ほど会社経営してきたが、年間売上げが6,000万円以上になったことがない。「明神さんが梅原さんにえい服を着せてもらって(デザインをやってもらって)成功したのを見ていたので……」。**

**もってきた商品を食べてみた。なかなかよかった。売れない理由はすぐわかった。人が良すぎるのだ。「こころあたたまるアイスです」なんてパンフレットに書いてあるから売れないのだ。**

**土佐佐賀町出身なら、地元に天日で作っている塩があるだろう。まず「天日塩《てんぴえん》アイス」だ! とアドバイスした。**

**「天日塩アイス」。その商品名だけで会社の姿勢が見えてくる。常に根幹に「ココロザシ」がないといけないのだ。**

**ひと月たたない内に試作品をもってきた。この社長、舌がいいのか、96点の出来だった。この商品はいまでも高知アイスのロングヒット商品になっている。**

おいしいんだもの
ゆず
Made in 土佐
sorbet
HAND MADE SORBET.
NATURAL FRUITS.
SUN SUN TOSA 【YUZU】
高知県香北産ゆず使用
高知アイス

お い し い を
走 っ て さ が す
C O M P A N Y
私たちは、お客様に安心して食べて頂くために
素材選びに奔走しています。
農作物は収穫前に生産者を直接たずね、
畑の条件や栽培方法、農薬の有無など
確認した上で契約します。
土佐の風土のなかで、いい素材を探し続け
あんしんでおいしいものをお届けしたい。
私たちは、土佐奔走カンパニーです。
南の国の
高知アイス
Home made icecream.
Natural flavor.

「おいしいんだものシリーズ」は「おいしいくだもの」と錯覚するサブリミナル効果ネーミング（笑）。
土佐のオーガニックに目をつけた。その一番バッターは、「ゆず」。
吾北《ごほく》村のゆず生産者の皆さんが作る、無農薬ゆずを使った商品。生産地を限定する事で、安心がグッとみえてくる。商品の魅力はそこにあるのだ。ひと月後、たまたま東京のナチュラルローソンに入ってアイスクリームのボックスを見たらこの商品があった。無農薬ゆずを使ったシャーベットが、ナチュラルローソンのコンセプトに合いすぐさま取引になったという。
このシリーズは文旦、ぽんかん、小夏と広がっていった。
土佐のおいしいものをさがしてきてはアイスにする会社。短くいえば「おいしいを走ってさがすカンパニー」というコンセプトが見えてきた。「ご馳走」という言葉に「走」がついているのはなぜか？ 客人のため、おいしい水を走りまわって探しに行くからだ。
「おいしいを走ってさがすカンパニー」をタイトルにパンフレットが出来た。東京ビッグサイトのフードピアという見本市に出店。パンフレットをもらった人が、数分後にもどってきて商談がはじまるという現象が起きた。そこから3年で、3億8千万円（2008年度）。
毎度も言うが、デザインのスイッチにより、いかに相手とのコミュニケーションのパイプを太くするか!? なのである。
彼が言うには、奥さんと二人で事務所に来たとき、ボクが「3年間で3億円にしてあげる」と言ったそうだ。覚えはないんやけど。

依頼人｜**浜町文也**

（有）高知アイス社長。巨漢、顔、に似合わずカワイイ性格。土佐佐賀町出身。鰹イッポン釣り漁船に乗り組んでいたこともある漁師あがり。商品開発の提案をすると、舌の感覚がいいのか、すぐにいい味のサンプルを作ってくる。最近は地場の素材をベースにした企業の成功事例として、講演活動にいそがしいらしい。

水
mizu

# ラストリバー

[答えは水の中]
四万十川に「沈下橋《ちんかばし》」という橋がある。洪水になるとサッサと沈んでしまう橋。そして、洪水がおさまると再び姿を見せる。「大雨の日にわざわざ川の向こうに行くこともないやろ」と言っている。
この橋の生き方が好きで、橋の向こうに住んでみることにした。39歳の夏。
その村で農協に勤めていた畦地履正《あぜちりしょう》（47、71頁）と知り合った。酒を飲んでいたときに、「農協っておかしい、やめてまえ」と、冗談まじりで言うたら、ほんとに半年後に辞めてしまった。
その後、この村に流域3町村（当時の大正町・十和村・西土佐村）で出資する株式会社、四万十ドラマが設立されることになり、全国公募で責任者を募り、畦地が抜擢された。
四万十ドラマ。その名前が気に入らないので、遠くから見守っていた。ところが、1年経たないうちに「うまくいかない」と畦地が相談にやって来た。農協を辞めさせた？ という後ろめたさがあって（笑）、ほおっておくわけにもいかなかった。

「万物の根源は水である」。四万十川が日本最後の清流というのなら、まず「水」について語る場を作ろうじゃないか。「四万十ドラマ」というあやしげなイメージを払拭するために、モノを売る前にまず「ココロザシ」をみせようじゃないか！ と。
『水』という本作りを提案した。
あらゆる分野の著名人に「水」についてのメッセージをいただく。そして、原稿依頼や編集、デザイン、印刷などのイッサイガッサイを四万十川が行う。
四万十川は東京から取材され、東京から発信されるいちコンテンツになっている。そうじゃなくて、四万十川住民が自らプロデュースするというまったく逆をやりたいと……
原稿を依頼する人物リストアップを存分に楽しんだ。すると、ビビっ

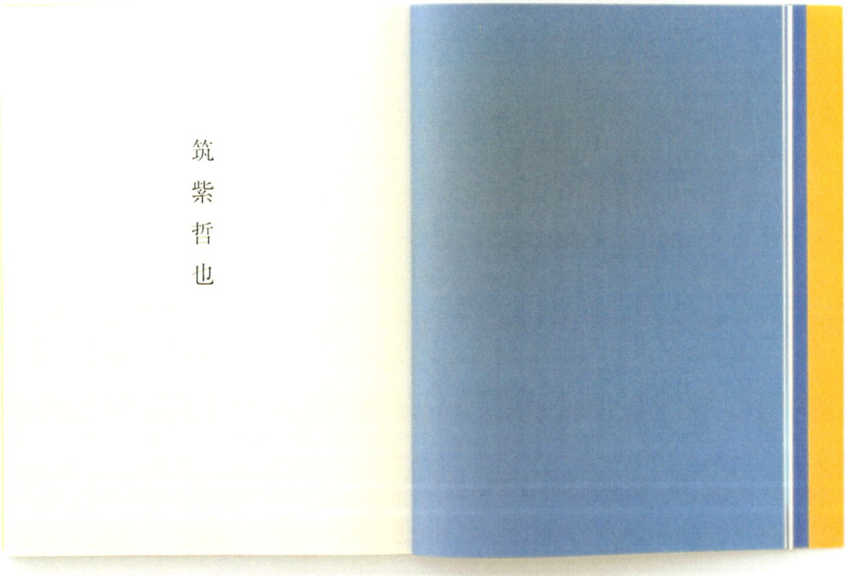
筑紫哲也

てしまうような、スゴイ45人となった。しりごみして憂鬱になった。

原稿料はきちっと払いたい／金はない／甘えてはいけない！／原稿料が見当もつかない！

そこで考えたのが、原稿料は「あゆ」。あなたの「考え」と「四万十川の天然あゆ」を、物々交換させてください。と考えた。わたしは住んでいた四万十川の家の下の瀬で、網を投げ、鮎を漁っていた。自分で漁れば「タダ」なのである。

受け取る側にはその価値は未知の世界なわけで、いい想いつきだった。

依頼の文書の1枚は、四万十ドラマとしての公式依頼書。もう1枚は手書きの手紙で、これは全部ボクが書いた。有名建築家、有名女流作家、有名ミュージシャン、有名お笑い芸人、有名宇宙飛行士、有名アーティスト……。これが、ものすごくしんどかった（笑）。一夜漬けで依頼者の作品を研究し手紙を書いた。郵便局の赤いポストの前で、二礼二拍手一礼の儀式のあと、45通の手紙を投函した。

返信ハガキを同封し、「○書いてくださる●書いてくださらない」という項目に「マル」をして送り返してもらうことにしてあった。

最初に来た返事は「○書いてくださる」の筑紫哲也さん！ そのあと「●書いてくださらない」がずっと続いた。

これでは本にならないと、次の案を考えた。

ハガキの真ん中に○を書き、同封するメモに、

○＝「何度も依頼が来て、うるさいなあと思っているが、あんまり一生懸命やっているから、まあ書いてみるか」とし、「そのままポストに放り込んでください」とした。

これが功を奏した！ 書いてくださる方が18人になり、本を作るスタートラインに立てた。

当初の予定では、無謀にも45人全員に書いていただく予定だったが、半数以下の18人になってしまった。結果的に文字数が足り

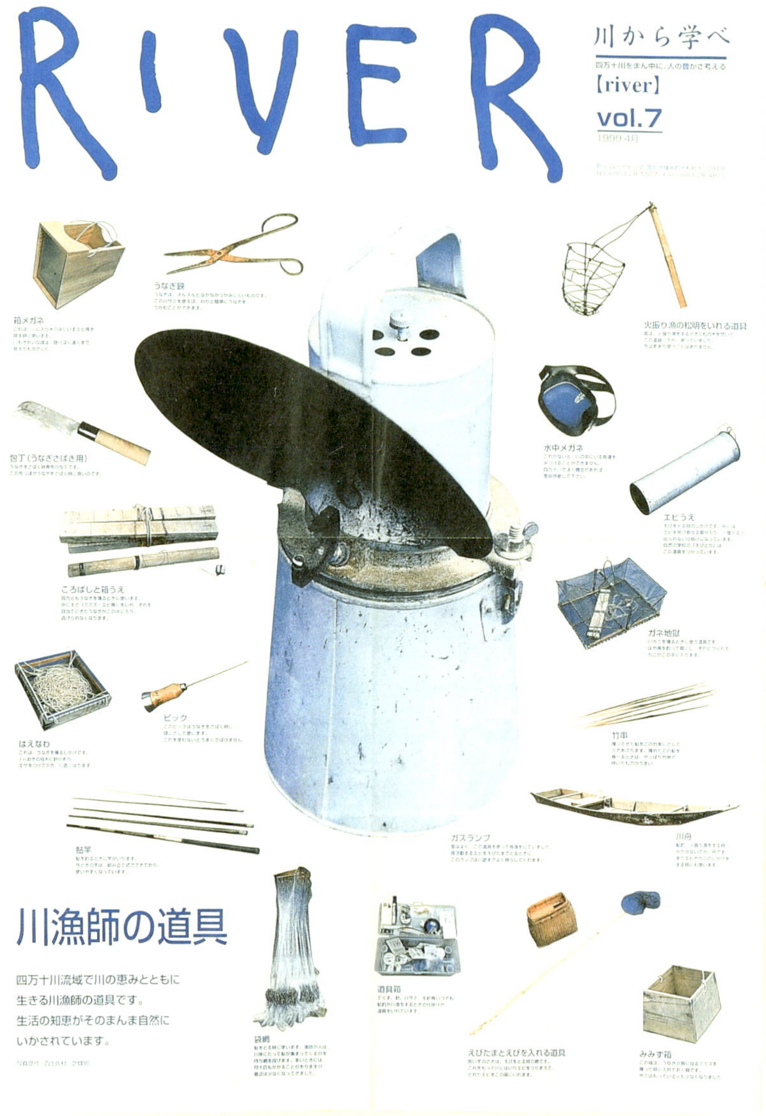
RIVER
川から学べ
四万十川をまん中に、人の豊かさ考える
【river】
vol.7
1999 4月
箱メガネ
うなぎ鋏
火振り漁の松明をいれる道具
包丁（うなぎさばき用）
水中メガネ
エビうえ
ころばしと箱うえ
ガネ地獄
はえなわ
ピック
竹串
鮎竿
ガスランプ
川舟
川漁師の道具
四万十川流域で川の恵みとともに
生きる川漁師の道具です。
生活の知恵がそのまんま自然に
いかされています。
袋網
道具箱
えびたまとえびを入れる道具
みみず箱

ず、文字が大きい本になってしまった。というのも、どんな本になるかお知らせしないのはいけないと思い、1人8ページということでフォーマットを作ってお見せしておいたのだ。
ちょっと文字が大きい本にはなったけど、四万十川、つまりローカルのローカルのローカルが、東京で暮らしている著名人の方々に原稿依頼をし、そしてその編集デザインから印刷製本まで、すべてを四万十川でやってしまったという、新しい本ができた。
(株) 四万十ドラマという名前は「原稿依頼」にはやっぱりマイナスやったと思う。それでもなんとか『水』ができあがった。
自分たちの生きる道を模索する上で、著名人の考え方も伺いながら、ラストリバーと呼ばれているところで、どう生きていきましょう、あなたはどう生きていますか、あなたは水についてどう考えていますかということを、まず最初に考えたことが、本当によかったと畦地は言っている。こうしたやり方で自分たちの「ココロザシ」を伝えることができたこと、そのプロセスが十数年経った今も変わらず語り継がれていること。『水』が四万十ドラマの原点になっていると思っているのだが。

出版 (1997年) とほぼ同時に、RIVERという会員制度を立ち上げた。日本最後の清流の実況中継をお伝えしながら、いったい何がユタカなのだろうか？ ローカルと都市が一体となって考えようというコンセプトである。15年近くが経ち、NPO法人RIVERとして設立総会が2010年6月にひらかれる。

**依頼人｜(株) 四万十ドラマ**

四万十の
ひのき
風呂
四国銀行

# 「ユニットバス」が「ひのき風呂」

[銀行がお買い上げ]
意外に思われるかもしれないが四万十川流域はほとんどひのきの森、人工林である。
四万十ひのきと呼ばれるその材は、ピンク色をし、住宅材として使われるが、住宅需要がないので売れない。「木が売れない」のならわたしが売ってみよう！と開発したのが「四万十のひのき風呂」。
9cmの四角い板の真ん中に、焼き判を押す。それを、ひのきの天然油成分「ヒノキチオール」の溶液に浸け、袋に入れ密着させる。袋を開けた時、ひのきの芳香成分が飛散する。一帯はひのきの香りとなる。
商品開発の途中「そんなもん売れるんか」というシラケタ空気が漂っていた。ところが出来たとたん、地元の大手銀行「四国銀行」がノベルティとして使いたいと言ってきた。なんと1,300万円の商談だ。なにやら厚生年金契約者にさしあげるらしい。そこで四国銀行オリジナルノベルティとして商品価値を高めるために、社名を入れた。小売りはせず、マーケットに出さない商品とする事で、次は四国電力との取引きとなり「yonden」のロゴが入った。オリジナルのコンセプトは続き、2年間で1億円を売り上げた。
さらに2010年3月号、小学館発行の雑誌『ビーパル』の付録として16万枚の発注があった。
トータル2億を優に超した。
商品開発アイデアの「素」はまたしても「妄想」だった。東京に住む女子大生。アパートの「ユニットバス」ではかわいそうだ。せめて香りだけでも「ひのきの風呂に！」なぜその場面に女子大生なのか？ わたしはオヤジだからである。

依頼人｜（株）四万十ドラマ

30
品店
たばこ

FIRE CISTERN
防火水そ
くら
絵

日本で二番目に小さな町
犬も歩けば赤岡町
この犬の名前は田中ジョン。
不思議すぎる町・高知赤岡路上観察記
編集◎赤岡町まちのホメ残し隊

# 山崎一郎さんはどこ?

[K]

2000年の夏、路上観察学会の面々が赤岡町にやってきた。赤瀬川原平さん、藤森照信さん、南伸坊さん、林丈二さん。それに地元から一人参加させようということで「じゃあ梅原さん」ということになった。あこがれの路上観察学会の皆さんにこんなところでお会いできるとは〜! 想いもよらぬタナボタだった。

ご一行様が赤岡に到着したその日の午後、路上観察がはじまる。5チームに分かれ、カメラを持ち、それぞれの方向に散らばった。

翌日、午前中にスライドの現像が仕上がるのを待ち、それぞれが一枚一枚の路上観察に考察を加えて発表する。

4人の目線は、ボクにはとても思いつかない目線で仰天した。赤瀬川さんの「瓦一列だけの雨とい」。一列だけの瓦のために、こういう重装備な雨といを装着しているという考察。

そのように見える「人の深さ」を見た。雨といに心を寄せて、何かを思える。ユタカとは与えられるものではなく、自分自身の中から生まれ出るものだと悟った。

マイナスのものをプラスとしてとらえようじゃないか。この人たちに出会ってちょっと人生変わった。地元から参加させてもらって、僭越ではあったが、この経験は実に大きかった。

その後、路上観察を赤岡の町民自体がやってみることになった……

や

やまさきいちろうさんは
どこにおるがやろう

シャーロックホームズ
前田しほ

こどもの目線
商店街に山崎一郎商店という完全フルネームの店がある。みんないつもこの店の前で遊んでいるが、雨戸が開いたのを見た事がない。ず〜っと思い続けてきたその複雑な気持ちを小学生の前田しほさんは「山崎一郎さんはどこにおるがやろう?」(笑)

大人の目線
自分の店の裏庭からいつも干してあるパンツが見える。しかしここは86歳のご高齢者夫婦が住んでいて、干してないと「生きているのかしら」とすごく気になる(笑)。「春のパンツ。これはおじいさんとおばあさんの洗濯物。私は毎日このパンツを見るたびに元気なんだって思う。パンツは安心マーク」

その後も、路上観察学会の目線はこの町に生き続け、一人一人の「心の中の町」が変わった。説明がつかないような価値観が宿った。「パンツ干しちゅうね」じゃなく、「パンツは安心マーク」と思えるようになった。
これらの考察を、一冊にまとめたのが『犬も歩けば赤岡町』。
「路上観察学会」「町民」「こども」の目線が編集されている。大きな声では言えませんが、国の予算をもらっていたので、当初は報告書として作り、その後カバーを変えて、全国出版という荒わざテクニック。
すでに廃業して20年、ワークショップの集会所である「旭湯《あさひ》」が売りに出されるというので、この本の売り上げを資金に買い取りたかった。「この本が売れたら風呂屋が残る」という夢をみた。結果的には、新しく出来た芝居小屋、弁天座の休憩室に「旭湯」の前半分を移設することになった。
この本、そこそこ売れて、風呂屋が前半分残った。

依頼人｜**赤岡町まちのホメ残し隊**
代表者・間城紋江。この町の雑貨屋「おっこう屋」主人。土佐チック、かわっちゅう、はちきん、おっちょこちょい。オモシロイことにはマチガイナイので、この店には人が集まる。先ごろリサイクルショップ「ボンジュール・アカオカ」を新装オープン!(といっても店もリサイクル)

枡一市村酒造場
枡一市村酒造場
枡一市村酒造場
枡一市村酒造場

枡一市村酒造場
枡一市村酒造場

いまさらおけを考える会 PROGRAM
OKE.OK

## okeok.com

[金髪娘のおやじギャグ]
セーラ・マリ・カミングスさんはアメリカで、高校時代、葛飾北斎、富嶽三十六景の一場面「尾州不二見原」(愛称、桶屋の富士) を見て日本に強烈な興味を抱いた。丸い大きな桶の中に富士山が見える浮世絵を見て、桶の宇宙を感じ、日本にあこがれた。そして日本語を学び、日本に来た。ところがどこを探しても「木の桶」はなかった。その後、彼女は長野県小布施《おぶせ》町の造り酒屋、桝一市村《ますいちいちむら》酒造場に就職し、酒蔵を改造したレストランを作った。設計はジョン・モーフォードに依頼し、トラディショナルにして斬新な空間が生まれた。蔵の一部だから「蔵部《くらぶ》」。その成功をきっかけにこの会社の取締役となった。
10年前。日本には木の桶で醸造するお酒というのは、全くなかった。木の桶は洗ったり、日に干して殺菌したりという面倒な手入れが必要。さらに、木の中に雑菌が入り込む。それが出てきて悪さをする。それに引き換え、ホーローやステンレスのタンクは、コントロールが効く。今はステンレスのタンクにコンピューター管理という具合になってる。こういうわけで、近代化とともに、木の桶はステンレスやホーローに代わってしまった。
彼女は、自らの酒蔵で木桶仕込みの酒造りを始めるとともに、全国の造り酒屋の主人に呼びかけ、「桶仕込み保存会」を発足した。金髪の利き酒師にひかれ、15〜16人の酒屋のおやじたちが集まった。
彼女はこう言う。「今の日本の酒造りは、ステンレス桶、お米、水、コンピューターがあればできる、それじゃまるで工業製品だ、中国でだって出来てしまう。職人さんがいて、人の五感で確認しながら醸す技術を捨て去ってしまってはいけないのではないか」と。
同感だ。近代化の中で、ある部分を守っていく事を一切しないというのはトンマだ。何を残し、何を残さないのかのセンス、バランスがない暮らしはオモシロミがない。

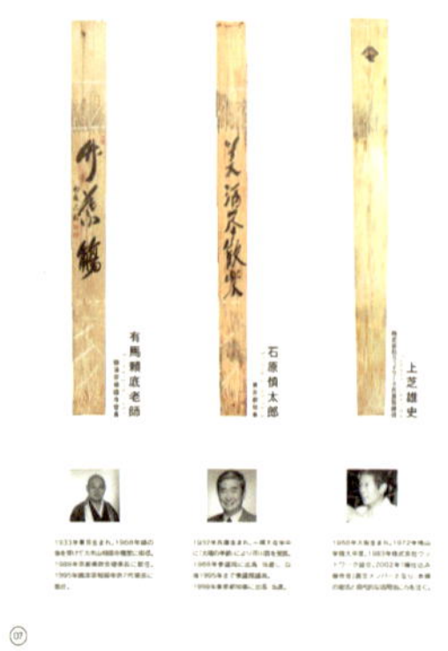
有馬頼底老師
石原慎太郎
上芝雄史
07

梅原真
大橋歩
押井守
08

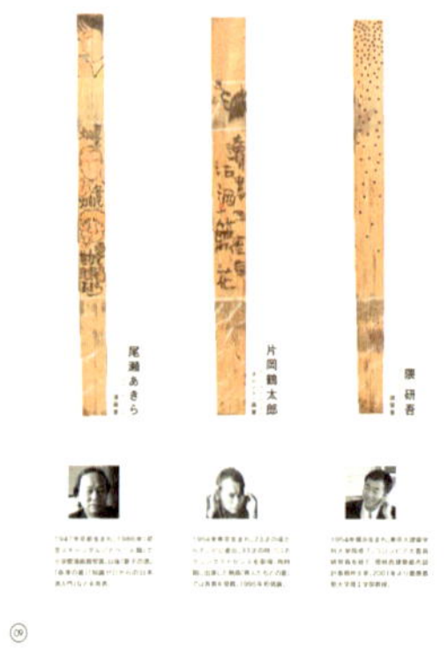
尾瀬あきら
片岡鶴太郎
原研哉
09

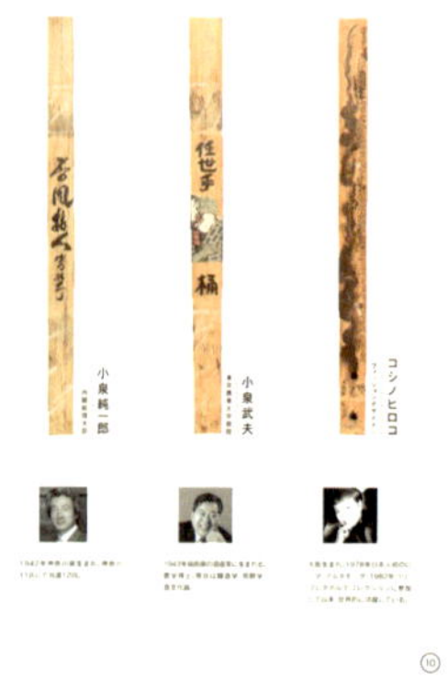
小泉純一郎
小泉武夫
コシノヒロコ
10

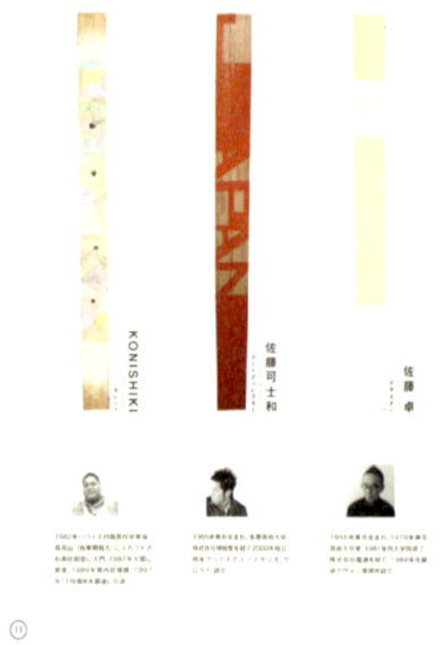
KONISHIKI
佐藤可士和
佐藤卓
11

佐藤雅彦
三遊亭鳳楽
紫舟
12

例えば、ヨーロッパのワインを考えると、葡萄畑があって、秋になるとそれを収穫し、少女たちが、木の桶に入って足で踏んづけ、その果汁を木の桶で運び、そしてまた木の桶にストックしている、そんな風景が浮かんでくる。日本酒ではどうか？ 酒造りの風景がなくなってしまった。米をどんなふうにタンクにいれて醸造しているのか、それは風景も含めての楽しみであり、おいしさの一部だった。
お米を収穫する風景と、酒造りの風景が連動しない。それに引き換えワインは収穫時点から風景が浮かんでくる。風景は大きな伝達力だ。それがやっぱり日本酒にとっても大事なことじゃないかなと思う。
田崎真也さんのレクチャーの中で印象的だった話。フランスも1970年代以降は近代化の道を歩んだ。ステンレスやホーロー、コンクリートにガラス樹脂を塗ったものがタンクとして使われるようになった。その中でフランス人たちは考えた。「南斜面の畑」とか、「今年の気温」はこうだったからとか、ウンチクを語りながらワインというものを楽しんでいく風土の中で、桶の話はできなくなってしまった。
そうした中で、もう一度、木の桶に戻していくような動きが出てきたという。その「バックできる力」が素晴らしい！ ちょっと待てよ？ 行き過ぎたかな？ 木の方がよかったな？ とバックできる、その力はうらやましい！

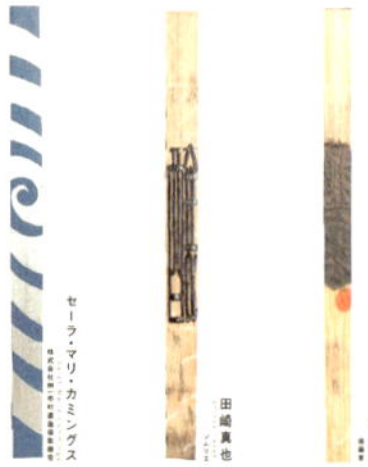

セーラ・マリ・カミングス

田崎真也

デービット・ブル

⑬

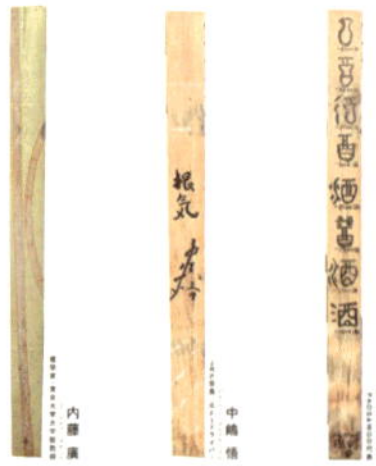

内藤廣

中嶋悟

中西元男

⑭

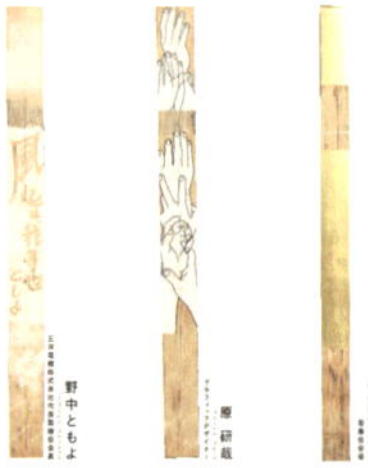

野中ともよ

原研哉

坂東玉三郎

⑮

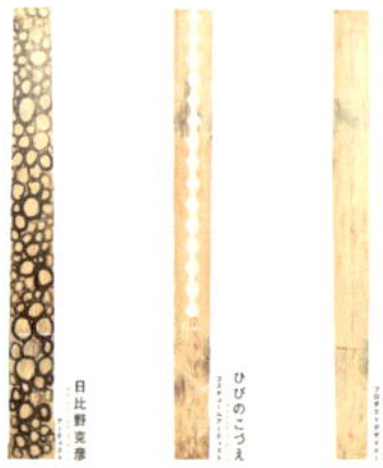

日比野克彦

ひびのこづえ

深澤直人

⑯

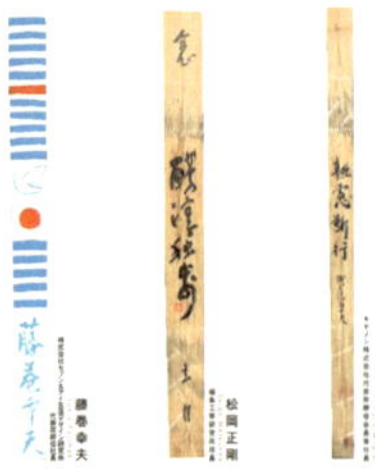

藤巻幸夫

松岡正剛

御手洗冨士夫

⑰

宮崎駿

茂木健一郎

養老孟司

⑱

「木の桶を捨てないぞ！」と言っているのが日本人ではなく、外国人の金髪女性であること、外国人に日本の文化をおんぶし過ぎてはいけない事、そしてボクが彼女とほぼ同じ考え方を持っていること。そんなわけでこの「桶仕込み保存会」のいろんなことに関わっていく。
2006年の4月に、木桶を考えるシンポジウム「いまさらおけを考える会」を開催するという事で、打ち合わせに参加した。
桶というのは縦長の「桶板」でできている。その「桶板」一枚一枚にアーティストに絵を描いてもらったらどうだろう？ イベント当日に組み上げたら会場にシンボルができるよね。というアイデアになり、桶仕込み保存会のメンバーが、各自、こころあたりのある人に、アプローチしてみる事になった。
やや無理があったが、予想に反し、ご快諾情報が次々と舞い込み、ついには36人が描いた作品データが届いてたまげた。当日配布のプログラムには全ての桶板が掲載された。変わった総理大臣や歌舞伎役者、人気の建築家も参加してくれた。
そして36枚の桶板は当日、六本木アカデミーヒルズ49の会場で組上げられオブジェとなった。
セーラの日本を思う気持ちも含め、古いものをそのまま捨てていっていいのかという問題提起ができたことで、有意義な会になった。
基調講演、シンポジウムの後、パーティーは発酵食品による酒のアテで桶仕込みの酒を飲むという企画で会場は立ち席も埋まり、満席御礼。盛り上がりOKE.OK!

桶の底力
日本の発酵文化を考える。
そこにこそ
ニッポンのソコヂカラ
桶を考えるシンポジウム　再び　開催
あの興奮を、さらにパワーアップ！
六本木ヒルズで、いまさら桶(おけ)を考える――
NPO法人
桶仕込み保存会
いまさらおけを考える会
2008
12.21[SUN]
13:00 ― 18:00
(途中入場OK！)
会場：「アカデミーヒルズ 49」
東京都港区六本木6-10-1六本木ヒルズ森タワー49F
参加費：5,000円［桶仕込酒のきき酒、軽食、おみやげつき］
www.okeok.com
NPO法人桶仕込み保存会事務局　〒381-0201長野県小布施町500
Tel:026-247-7511 Fax:026-247-6369
PROGRAM
開演あいさつ 13:00～
セーラ・マリ・カミングスと全国の桶屋さんたち
OKEトーク1 13:30～
基調講演　「桶の底力」小泉武夫氏(東京農業大学)
OKEトーク2 14:30～
パネルディスカッション
米倉誠一郎氏(一橋大学イノベーション研究センター教授)
他 桶関係者
OKEパーティ 16:00～
桶の発酵食品を肴に、桶のお酒を楽しもう
(同時進行) 桶の酒屋や食の職人、桶職人とふれあう分科会
主催 NPO法人桶仕込み保存会
●お問合せ　お気軽にお問合せください。
〒381-0201長野県小布施町500
Tel 026-247-7511 Fax 026-247-6369
E-mail info@okeok.com
今さら木桶を見直しています
おけ
申込み方法
http://www.okeok.com

# ニューヨークの桶

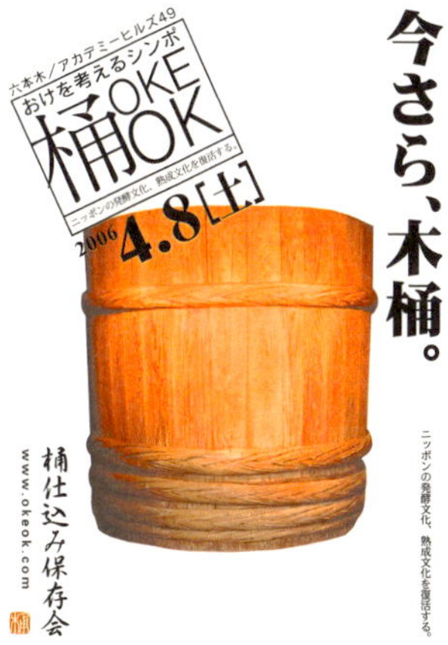

[桶コラム]
2005年末。「いまさらおけを考える会」のDMをデザインしてニューヨークに旅立った。ジェームス・ディーンが常宿にしていたという古い宿、イロコイズホテル。その最上階の自分の部屋にチェックインして驚いた。窓のブラインドを開けたら、摩天楼をバックに、大きな木桶があった。DMに使った桶の写真とほぼ同じだ。その後、町に出る度に、ビルの屋上を観察してみた。あるは、あるは、ニューヨークのビルの屋上は木桶だらけ。
聞くところによると、FRPとかプラスチックとか鉄とか、いろんなもので屋上の給水塔を作ってみたけれど、どれもうまくいかなくて、木の桶が一番良いらしい。つまり、ニューヨークは寒暖の差が激しく、冬はマイナス10℃くらいになり、夏は40℃くらいまで上がる。そんな状況で、木のタンクは外気との調節ができるので、結果的にこの方法が一番水を美味しく貯める方法だったということ。だからニューヨークのビルの上には、近代化したビルの屋上にも木の桶がセットされているというのだ。
ニューヨークの町が高層になっていく1930年代、まだクレーンなんかがない時代、桶板を持って上がり、そこで組み立てれば、ビルの上に大きなタンクができたというわけ。木桶はアメリカにあり！という不思議な光景。

obusession
小布施ッション 18

1.11

深澤直人
Naoto Fukasawa

# obusession

[これもまたオヤジギャグ]

obsessという言葉には、脅迫という意味がある。小布施のセッションに来いよ！という意味があるのだ。長野県小布施町、栗菓子の小布施堂では、毎月ゾロ目の日、ゲストスピーカーを招いてレクチャーが行われる。セーラ・マリ・カミングスが考案したシステムである。

レクチャーを聴いたあと、立食会となる。全国からやってくるオーディエンスが共に交流を深める。そこで提供される料理には、スバラシイ技があり、話に夢中になっていてはイケナイ。最後のデザートまで一品一品楽しめる。大人5,000円・学生フリー。学生さんに日本の事をしっかりと学んでほしい！ セーラの日本を憂うパッションなのだ。

小布施堂の社長は市村次夫（159頁）。品のいい文化人であり、建築、景観、アート、歴史、各論卓越の有識者である。

ニッポンの小布施の町のイメージ、そのほとんどは小布施堂の敷地が作っている風景なのである。

「栗の小径《こみち》」があり、その道は栗の木のブロックで出来ている。市村次夫は町の風景をなおしてきた。「風景をなおす」。その概念を「修景」というあたらしい言葉で表現し、あたらしい語彙を作ってしまったのだ。この町は、「大事なものは何なのか」を教えてくれる町である。

文化を守りきる人たちのビジネスが、うまく時代に沿う世情であってほしいと思う。

依頼人｜**セーラ・マリ・カミングス**

長野県小布施町、（株）桝一市村酒造場取締役、（株）文化事業部代表取締役。ペンシルバニア大学出身。長野オリンピックボランティアスタッフをきっかけにワンダーな人生を歩む。この人の考え方が好き。いろいろと勉強になる。顔は女だが、ココロは男。顔はアメリカンだが、ココロはジャパニーズ。さきごろかわいいベイビーが生まれた。

いました。

栗の郷　こころ伝わる　六百年。
秋冬価格表
2009
|
2010
北斎館となり―栗菓子の
小布施堂

# 修景

[だんな]

長野県小布施町。訪れて「意志を持った町」のように思えた。「何がユタカなのかを知っている町」。この町に通い始めて暫くして気がついた。古い家並みや土壁。ゆったりとした緑の空間、瓦屋根の風景、そのほとんどが栗菓子・小布施堂の敷地であるということ。

小布施堂の社長は建築に造詣が深く、また古い瓦一枚さえ捨てずに邸内で利用する哲学を持っている。さらに、いまや日常語になりつつある「修景《しゅうけい》」という概念はこの人がつくった言葉であった。

暮らす人の目線で町をつくろうと始まった小布施町並み修景事業1980〜87年。行政、個人、法人という立場の違う地権者が、対等な立場で話し合いを重ねる。そして土地の交換あるいは賃貸により、双方に利のある配置換えをしながら町並みをつくって行く。「小布施方式」。この土地ながらの手法で町並みは変身していった。

栗の小径は栗のブロックで出来ているが、国の規定に反しているため、補助金がおりない。それなら要らないと、補助金などに頼ることなく、住む人主体で新旧建築物の調和する美しい町並みつくりを進めた。その中心人物が小布施堂社長・市村次夫、副社長・市村良三（現町長）だと聞く。

ここちよい意志を感じる。

**依頼人｜市村次夫**

（株）小布施堂社長。こんな社長みたことない！「商売より文化が先」のような人。枡一市村酒造場の17代当主兼小布施堂代表取締役。14代が葛飾北斎を邸内に住まわせ絵を描かせた「だんな」の血を引く。歴史、建築、文筆、哲学に「家」をつけたい人。枡一市村酒造場の社長でもある市村さんは、酒蔵の風景を愛している。「ここから見たあのエントツはすばらしいんだ！！！」、この人はいつも、ユタカな風景の中に住んでいる。

PINA BAUSCH
高知県立美術館舞台公演シリーズVOL.24
平成15年度第53回高知県芸術祭共催行事
現代最高の舞台芸術家ピナ・バウシュとヴッパタール舞踊団（34名）が高知に！
ピナ・バウシュ 特別構成プログラム
「スモール・コレクション・イン・高知」
Small Collection in Kochi
〜ピナ・バウシュとヴッパタール舞踊団ダンサーによる舞踊作品集〜
2003年 11月22日（土）
高知県立美術館ホール
入場料 前売5.000円／当日5.500円（全席指定）
■前売券発売日 10月10日（金）
電話予約 受付電話番号 高知県文化財団 088(866)8006
主催 高知県立美術館（高知県文化財団）・朝日新聞社
後援 RKC高知放送・KUTVテレビ高知・NHK高知放送局・エフエム高知・KSSさんさんテレビ
協賛 アサヒビール株式会社（当ホール事業は、アサヒビール（株）より年間助成を受けています）
招聘 日本文化財団
museum hall

# ピナさようなら

[くじら]
不思議なコトがある。パリでピナ・バウシュに招待券をもらい、新作「天地」を特等席で見てしまった。
パリに行く。ちょうど滞在期間にピナの公演があるというのでチケット入手に手を尽くしたが、完売というのであきらめていた。
ところがパリの友人、うどん屋「国虎屋フランス」のスタッフ松村達志君によると、チケットがゲットできそうだという。松村くんがお店に来た劇団員の青山まり子さんに事情を話した。▶まり子さんはピナに伝えた。▶するとピナは「その人は知っている。招待券をあげなさい」ということになった。▶私たちは当日テアトル・ド・ヴィーユのカウンターで招待券をゲットし、好位置で「天地」を鑑賞した。
7年ほど前、ピナさんは新作制作のため日本に来た。取材先に土佐が選ばれ、高知県立美術館を訪れた。わたしが取材対象のコンテンツ作り、ポスターのデザインをお手伝いしたのだった。舞台の上には、くじらがあった。高知県大方町を取材したときのイメージだと思った。
ピナさんの言う「その人知ってる」の「その人」とは高知県立美術館のアートディレクター藤田直義（現館長）さんだと思う。とんだ嬉しい人違いだった。
その後、青山まり子さんとつながり、2009年1月、ピナのゲネプロをパリで鑑賞できた。ピナさんはすぐそばにいた。その年の6月ピナは地から天へたびだった。

依頼人｜高知県立美術館

# INFORMATIONのある風景

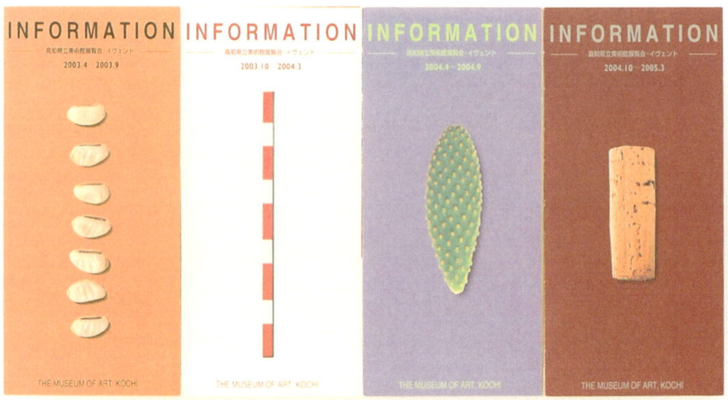

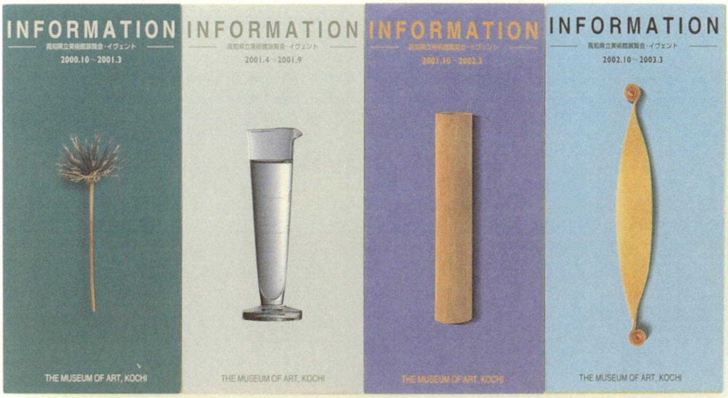
INFORMATION
高知県立美術館展覧会・イヴェント
2000.10～2001.3
THE MUSEUM OF ART, KOCHI
INFORMATION
高知県立美術館展覧会・イヴェント
2001.4～2001.9
THE MUSEUM OF ART, KOCHI
INFORMATION
2001.10～2002.3
THE MUSEUM OF ART, KOCHI
INFORMATION
高知県立美術館展覧会・イヴェント
2002.10～2003.3
THE MUSEUM OF ART, KOCHI

依頼人｜高知県立美術館

やんばる
沖縄
国頭村
くにがみ
キノボリトカゲ

やんばる
沖縄
国頭村
くにがみ
コシダ

やんばる
沖縄
国頭村
くにがみ

# ふんばりきれるか？

[やんばらー]
沖縄、最北端の村。国頭村《くにがみそん》。いわゆる「やんばる」とよばれる地域。本島南からの開発により、生態系はどんどん北に追い込まれていった。そして、この“やんばる”に多種多様な小動物たちが共存している。
ボクへのリクエストは「観光ポスター」。この地域の本質は「やんばるの森」にあると直感する。森に対する敬意、トカゲや昆虫や鳥類と共に生きよう！ という共生の理念を観光の中心にすえること。いまさらながらの理念は意外に忘れ去られているのだ。
「山原」と書いて「やんばる」。山と草原だけしかない未開の地域という意味で、沖縄では「やんばら〜」は「田舎者」という差別に近い言葉だと聞く。いまこそ「やんばら〜」に価値があるのだ！
久高《くだか》将和。国頭村在住の写真家。ネイチャーフォトグラファー。自身、やんばるの大地から生を受け、やんばるの生き物たちを撮り続けている。この人の作品を見ていると、森の奥まで深く深く導かれてしまう。そしてどんどん空想させられる。微弱な動物、植物たちがこの森の中で必死に生きていることを。
動物たちだけではない、人も必死に生きている、ふんばっている。
「やんばる ふんばる 国頭村」。
ふんばっている小動物たちを主人公に、ポスターができた。そのスターたちを紹介しよう！
オリイオオコウモリさん、キノボリトカゲさん、ヤンバルテナガコガネさん、ヤンバルクイナさん、コシダさん、リュウキュウハグロトンボさん。

やんばる
沖縄
国頭村
くにがみ
オリイオオコウモリ

やんばる
沖縄
国頭村
くにがみ
ヤンバルクイナ

やんばる
沖縄
国頭村
くにがみ
リュウキュウハグロトンボ

そして10ヶ月後……
このポスターが新宿駅地下道に掲載されるという知らせが、企画商工観光課、前田浩也から届いた。と同時に来年度のポスターを作ってくれという。「そんなら、その新宿でポスター作ったらいいやんか！」
ポスターが掲示された現場で展開するニューポスターである。女学生・サラリーマン・国頭村の長老が登場するポスターを今日印刷発注する。

**依頼人** | **国頭村**

担当は企画商工観光課・前田浩也。新宿地下道記念撮影の図。右はしのハッピ姿が前田。そのおとなりのハッピが渡口課長。ヒゲのおじさんが国頭村、奥集落の前区長玉城壮さん。そして、つてを頼ってやっとたどりついたカワイイ高校生2人。
さてどんなポスターが出来上がるのかァ～

近藤けいこ
Natural
Vegetable
http://www.keikon.info

# 近藤けいこの
# ナチュラルベジ

[野菜の時代]

近藤けいこ56歳。三重県鈴鹿山麓で有機肥料を使用し、化学肥料は使わない自然農法で野菜を作っている。全て露地野菜。農薬、除草剤は使用せず、コンパニオンプランツ、ハーブ栽培、被覆で虫対策と徹底している。安全な風景が広がっている。

農園に行くと、タノシイ気配が土の中から伝わってくる。農園の野菜料理をいただいたが、どの野菜も本来の味がする、甘く、もっちりして、ミネラルが体全体に染み渡っていく。「野菜ってウマイネ！」

農業にまったく縁のない家庭に育った近藤さんだが、農家に嫁ぎ、農業のすばらしさに目覚めた。今では、四季折々、旬のお野菜を年間250品種育てている。これが「近藤けいこナチュラルベジタブル」だ。農薬残留検査済み農薬ゼロ野菜。水はミネラル豊富な鈴鹿山脈地下水、井戸水を使用。水質検査済み。定期的に水質検査をしている。

前ぶれもなく、時々送られてくる近藤けいこのダンボールが到着すると、チョ〜ウレシイ！ ガムテープの貼り方から野菜の梱包までそのキチョウメンサがうかがえる。8人のスタッフはすべて女性なのだそうだ。

安全だからおいしい野菜。野菜の時代がやってきた！

**依頼人｜近藤けいこ**

農家に嫁ぎ、農業の豊かさにめざめオーガニック農業をはじめる。その野菜が「おいしい」とうわさがたち、近藤けいこの野菜ファンが広がり始めた。まわりから持ち上げられ「近藤けいこナチュラルベジタブル」登場。より一層の生きがいとなり、野菜の時代を作り出している。

伊達競阿国戯場

四国銀行

蔵の穴

恐ろしくて美しい
絵金蔵《えきんぐら》
蔵長　横田　恵
高知県香美郡赤岡町五三八　〒七八一―五三一〇
電話・ファクス　〇八八七（五七）七一一七

# 恐ろしい―美しい―かわいい

[真っ暗闇]
高知県赤岡町。恐ろしくて美しい「絵金蔵《えきんぐら》」の蔵長と副蔵長はかわいい女の子である。
「絵金蔵」とは、幕末、この町赤岡町に住んでいた元土佐藩の御用絵師の屏風絵を収蔵展示する資料館。御用絵師だった弘瀬洞意《どうい》は贋作事件にまき込まれ、お城下追放となる。その後消息のないまま10年がたち、ひょっこり叔母を頼ってこの町に現れる。そしてこの町で、「絵師の金蔵《きんぞう》」を名乗り、二曲一双の歌舞伎絵を描きまくった。人生への恨みか、その絵は血が飛び散る場面ばかりでオドロオドロしい。
「オドロオドロ」に「カワイイ」を掛け合わせれば丁度よくなる。もし、この絵金蔵の館長が天下りのお役人だったらどうなっていただろう。そんなのイヤだと、蔵長に高知女子大学大学院人間生活学研究科の横田恵、副蔵長に、高知大学大学院教育学研究科、音楽学専攻の松島玲子を採用した。この町らしい自由な発想だった。
「絵師の金蔵」、ちぢめて「絵金」。闇の中で、この屏風絵を見せる祭りがある「絵金祭り」。毎年、7月14日・15日に行われる須留田《するだ》八幡宮の神祭に商店街で開催される。(7月の第3土、日には、あらためて「観光絵金祭り」が開催され、夜店の出るにぎやかな祭りとなる。前者を「静の絵金祭り」、後者を「動の絵金祭り」と呼んでいる。)
薄暗くなる午後7時、二曲一双の屏風の真ん中に置かれた百目蠟燭に灯が点され、一帯が幽艶な闇の空間となる。絵は歌舞伎の一場面。血が飛び散るような場面ばかりで、その「赤」は水銀朱で描かれている。その「赤」によって、家に入ろうとする悪霊を追い払うという祭りである。
23枚の屏風絵は、町内の各区の当家に保存している。年に一度、紫外線の当たらない時間の展示により、160年耐えてきたのだが、屏風の痛みが激しくなり、収蔵庫が必要になってきた。そうして、収蔵庫兼美術館「絵金蔵」ができることになった。

Gorgeous. Graphic. Gripping.
Ekin Museum
Kinzo the Painter. Ekin.
In his youth, Ekin enjoyed a privileged lifestyle under the patronage of the Tosa aristocracy, until allegations of forgery saw him stripped of his honors and cast into exile.
Ekin drifted until finding succor with an aunt in Akaoka. Here he converted a sake cellar into a studio and pioneered his famed byobu-e. Twenty-three of these masterpieces remain in Akaoka today, and they are in safekeeping here, at the Ekin Museum. Welcome!
絵金蔵《えきんぐら》
絵金蔵へ
えきんぐら
Akaoka, Kochi

かねてから、この町のワークショップを担当してきた、(株) 若竹まちづくり研究所の畠中洋行、ファシリテーター畠中智子によってワークショップ形式で進むうち、町にあった古い農協の米蔵が候補となり、「米の蔵」が「絵金蔵」に変身していった。展示方法について、わたしは収蔵庫を穴からのぞく案を提案した。「年に一度しか見れない」というステキなコンセプトを残してはどうか? と。

この案は採用された。本物は収蔵庫に入っていて、のぞき窓から2作品だけしか見る事ができない。実物が見れないというフマンも耳にするが、「ホンモノは年に一度」を守りたい。ぜひ! 7月14日・15日に足を運んでください。

この日は「真っ暗闇」、江戸時代と同じだ! 通りには文明の光はない。実は数年前まで、街灯、提灯、自動販売機の灯がコウコウと点いていた。ワークショップでの「真っ暗闇」提案をし、さらに5年の月日が流れて実行された。

役場が町民に通達を出し、7時～9時は家の電気、自販機、提灯を消すようにお願いする。街灯は役場職員が2名1組になって一つ一つ消してまわる。「真っ暗闇の絵金祭り」にはいつもの数倍の人が集まった。文明の光を消すというマイナスによって、本当の絵金が浮かび上がった。

依頼人 | 絵金蔵蔵長・横田恵　副蔵長・福原僚子

横田恵（左）: 高知女子大学大学院人間生活学研究科修士課程修了。大学・大学院と絵金について研究し、絵金に命をかける土佐のハチキン。2005年2月より絵金蔵蔵長となり赤岡町に溶込んでいる。

福原僚子（右）: 高知県生まれ。高知女子大学文学部国文学科卒業後、仏像や神社の文化財調査に関わる。2007年1月より2代目副蔵長に就任。

EARTHDAYS
2005
KOCHI

# EARTHDAY

[イラストレーターなワタシ]
Tシャツのまんなかにあるのはわたしのイラストレーターとしてのシゴト。チョトハズカシイがなんでもやらなきゃいけないのがローカルデザイナー。
1972年大学卒業。高知放送の美術を担当する子会社に就職した。日本テレビ「ごちそうさま」の公開録画がやってくるので日テレで研修&打合せをしてきてくれ！ というのがいきなりの仕事だった。その出張で初めて飛行機に乗った。こわかった。「11PM」「アコのゴッドね〜ちゃん」の収録を見学。その後「ごちそうさま」の公開録画の大道具担当となり、それ以来、仕事のメインは大道具係になったが、6人の美術スタッフの何でも屋ぶりはすごかった。写植、レタリング、テロップ、フリップ、POP、イラストレーション、アニメーター、カリグラフィー、グラフィック、スタイリスト、テーブルコーディネーター、エディター、イベントプランナー、CMプランナー、モデルスカウト。
よかったのか、わるかったのか。ひととーりの事はできる。どれも一流にはなれないと思い、29歳で会社をやめてしまった。

**依頼人｜兼松方彦**

環境活動支援センターえこらぼセンター長。マイボトル・マイバッグ・マイ箸を持ち歩くエコ人間。

土佐
はるか
5kg
ましろのみかん
みかん・土佐ぶんたん・黄金柑
間城正博
〒781-5451 高知県香南市香我美町上分24
TEL 0887-55-4240

# 間城正博作

[紀ノ国屋行き]

農産物のデザインはむつかしい。おしゃれになると「おいしくない」。それらしくやると「ダサイ」。高知県香南市山北のみかん農家、間城《ましろ》正博さんにダンボールデザインをたのまれたのは「黄金柑」だった。3月～5月の柑橘系の果物が品薄な時期にできる小振りなみかんで、甘味がつよく、酸味は適度、香りがよく、爽やかでジューシー。デザインが出来たとたん、めずらしさが東京・紀ノ国屋のバイヤーの目にとまったのか「取引となった」と立ちばなしで聞いていた。気をよくした間城さんは「土佐はるか」というみかんを依頼してきた。ボクは「間城正博・作／土佐はるか」とフルネームを入れた。シャイな間城さんは「子供の代に使えんき～」と不満そうだった。「お亡くなりになられたらスグ名前を変えますきモンダイはないと思います」。「そうですかねえ～」とさらに不満そうだった。

間城正博・作の入ったBOXに大手のスーパーが反応した。量販店の入口のセンターにBOXはうずたかく積み上げられ、販売された。その模様を昔のスタッフが写メールで送ってきた。

阪神デパートのお歳暮カタログに掲載されたと、嬉しそうに見せにきた。「間城正博」・作が功を奏したのだ。間城さんは年に一度デザインを頼みにくる。デザインをお渡しすると、その場でサイフを出し「おいくらでしょうか？」。これが困る。

**依頼人｜間城正博**

みかん農家。水田と生姜をやっていたが、20年程前、みかんに方向転換した。山のてっぺんにあった畑を開墾し、3haのみかん園を持つ。温州みかん・文旦・土佐はるか・黄金柑を栽培。いかにもお百姓さんのにおいが漂う。

**依頼人**｜**小笠原治幸**

ごめんシャモ研究会会長。土佐の「おんちゃん」らしい人物。なにやら根性・念力のようなものが伝わってくる。そのオーラか、埼玉県で開かれた日本最大の鍋料理コンテスト「第６回彩の国鍋合戦」（2010年1月31日）に、シャモ鍋で参戦、初出場で優勝を飾る。商工会青年部・立花智幸、掛水伸一が実行部隊。おんちゃんと青年のチームワークが新エネルギーとなっている。

# シャモで農村の風景を作り直す

[龍馬が食べ損ねたシャモ]

ニワトリはいつの日にか庭トリでなくなった。ケージで何万羽も効率よく飼い、あやしいインフルエンザがあちらこちらで発症した。
龍馬が食べ損ねた「シャモ鍋」を研究し、それを名物にしたいというグループが現れた。「ごめんシャモ研究会」。「ごめん」（後免）は南国市《なんこく》の町の名前である。
大河ドラマ「龍馬伝」をきっかけにただ名物を作るだけじゃ〜オモシロうないじゃいか。シャモで農村の風景を作り直そうじゃいか！とアジったら「そりゃオモシロイ」とオヤジらがのってきた。
アメリカの飼料をたっぷり食べた鶏を「地鶏ゼヨ」と自慢するがはやめんかよ。飼料をちゃんとしょうじゃいか。稲を刈り取った後、さらに結構な稲「ひこばえ」がひょろひょろと出てくる。この米を飼料として喰わす。ダイコン葉がようけスーパーのウラに積んである。要らないなら、出荷前に切り落としそれを喰わす。さらに雑草を喰わせる。
「国は飼料米を奨励しちゅう、作れば反8,500円くれる。さらにその裏作に大豆を作れば、米で足りないタンパク質をおぎなえる」。
南国市の農家で一軒あたり20羽前後を庭で飼い、ちゃんとした飼料をあたえたものを土佐のシャモとするなら、ユタカな風景を作り出しながら、ユタカな食が生まれる。
きっかけは龍馬伝とややアザトイが、ここまでやれば龍馬も「まっこと！ 旨いシャモじゃ」と言うにちがいない。
ネーミングはまだ流動的だが「ごめんケンカシャモ」に落ち着きそうな気配。農村の風景は生まれ変われるか？

# Landscape and Climate

## The Japanese Climate

Imagine petals of cherry flowers dancing about in the spring air . . . brilliant green of fresh leaves against a deep blue summer sky . . . yellow and crimson embracing the trees in autumn . . . and a world of sparkling white clouds that descends upon the land in winter. This is the place where one can throughly enjoy the changing of seasons – Japan.

The Japanese archipelago is formed by long, thin stretches of land spanning three thousand kilometers from north to south, extending both into subtropical and subarctic zones. The characteritic features of the Japanese climate are high temperatures in summer, low temperatures in winter, and remarkably distinctive seasons, each a world apart from the next.

Mountain, river, sky, grass, tree, rain, wind . . . the various aspects of the Japanese landscape create an original expression of natural beauty found nowhere else. It is this everchanging landscape itself that is at the heart of the aesthetic sensibility of the Japanese people.

## 日本の風土

かすんだ空に桜舞う春、濃い青に新緑の映える夏、木々が黄や紅に色づく秋、きらきらと白雪が舞い降りる冬――四季のうつろいを楽しめる国、日本。

日本列島は、南北3,000kmの細長い国土を形成し、亜熱帯から亜寒帯へと広がっています。その気候の特徴は、大部分の地域における夏の高温多湿と冬の低温少湿、そして四季の変化です。

毎年変わることなく訪れる季節の移り変わりとともに、山、川、空、草、木、雨、風、大気…自然界のあらゆるものが、表情と佇まいを異なったものにしていきます。日本の風景は、こうした風土と深く結びつき、独自の美しさを生み出してきました。

変化に富んだ風土が、日本人の美意識の根底にあるのです。

# ルーブルにいこう!!

[世界で一番薄い紙]
典具帖紙《てんぐじょうし》は土佐で作られる世界でもっとも薄い和紙。しかし、この産業もうまくいっていないらしい。
「どこで使われているんですか?」と聞くと「ドイツ」「イタリア」「フランス」と答えが自慢げに返ってくる。
「ドイツのどこで?」とツッコムと「エ〜とたしか国立美術館のほうでェ〜使われているらしい」と急にファジーになってくる。
つまり大阪の紙問屋さんへ商品を送っているだけ。そこから先は貿易などムツカシイ手続きなどがあり問屋まかせというわけだ。
「よい仕事をしていたら見つけてくれると思っていましたけれど……」。そんな時代ではないだろう! 「世界で一番薄い紙」を自称するならジブンで売りに行くべきだ!
そういえば数年前、パリで、靴のデザイナー高田喜佐さんの友達、ルーブル美術館の学芸員ドミニクの家でご馳走になった時「修復のシゴトでイタリアから帰ってきたところ」といっていたのを思い出した。
そうだドミニクを訪ねて行こう! そうすると世界仕様のカタログが必要ではないか。
ヨーロッパが憧れるJapanなカタログだよなこれは。木と紙と土で作られた日本家屋に西洋人は驚いたわけだ。
この村、高知県日高村の日常、その暮らしの中の美意識のハシクレを見ていただきなが

# The World's Thinnest Paper

Tosa Tengujo Paper (a kind of washi commonly known as *tengujo-shi* in Japanese) is also referred to as "wings of a mayfly." Made from high-quality kozo, it is one distinctive kind of handmade washi that is both transparent and flexible.

The place of origin of this paper was not Tosa (an old name for Kochi Prefecture) but Gifu Prefecture, said to be the birthplace of paper in Japan. In the Muromachi period this paper was already bmeing made, and in the Edo period it had various uses such as sketches for woodblock prints, tracing paper, and also in mounting and backing.

Sensing the future of these thin papers, Yoshii Genta placed an order for tengujo-shi from Gifu Prefecture, and began research and development on a tengujo-shi that would be "larger and better quality." In 1880, the experimental forming of large-size tengujo-shi was a success. Also, in the following year a tengujo-shi with a thickness of .03 millimeters was entered into the national exposition. Recognized as thin, working well with ink, and durable enough for typewriting, it received high praise as typewriter paper.

In this way, Tosa Tengujo Paper was first used as typewriter paper, but was also used for napkins, wrapping paper for precious stones, coffee filters, and lens cleaning paper. Most of the production was exported, and became known as ultimately thin paper under the name of "Tosa Stencil Paper."

However, after World War II, due to the decrease of typewriter usage and the birth of machine-made tengujo-shi, there was a sudden decrease in the number of craftsmen. After this, machine-made paper inherited the demand once held by handmade paper, but over time production steadily declined. Traditionally-made paper was propped up by a limited demand, and continues a very small existence to this day.

Recently, however, much attention has been paid to the fact that Japanese historical documents and paintings have much higher levels of preservation than in other countries. Tosa Tengujo Paper became internationally recognized as good paper for restoration of cultural properties. As a result, world-reknown cultural properties such as Michelangelo's wall paintings in the Vatican and works preserved in the Louvre in Paris began to use this paper for restoration purposes. Today the production of this paper is stable, largely thanks to machine-made paper technology.

"The world's thinnest, strongest paper," developed by the dextrous techniques and aesthetic sensibilities of the Japanese people, has received much acclaim over the last hundred years, and is now making a comeback.

4

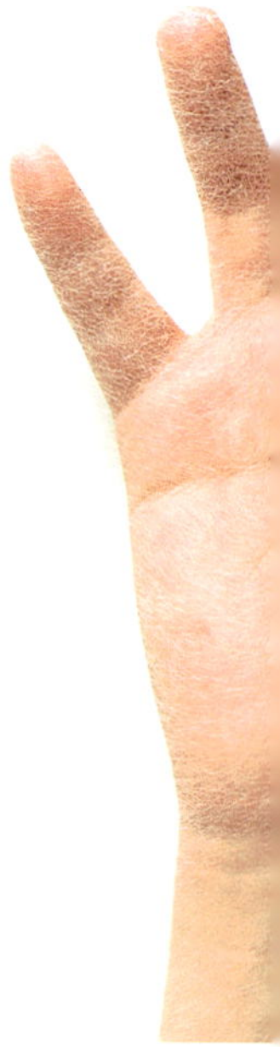

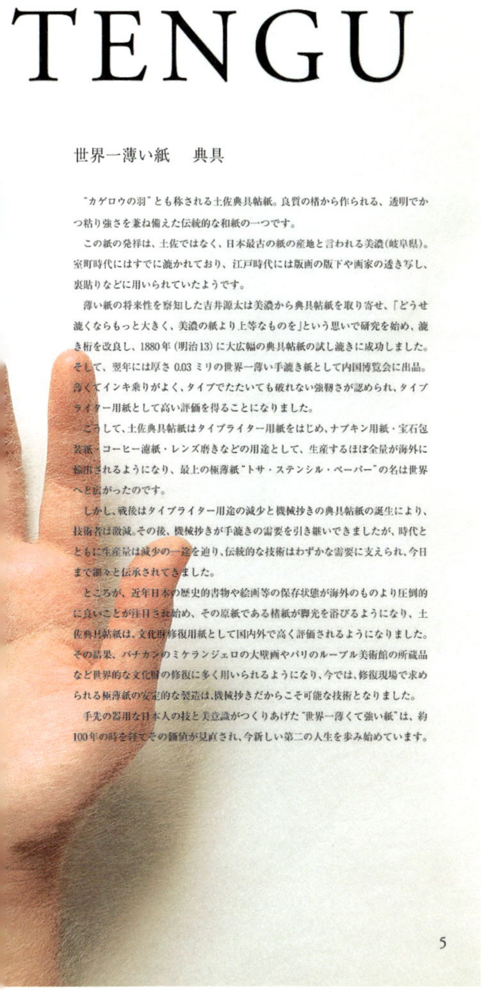
TENGU

世界一薄い紙　典具

"カゲロウの羽"とも称される土佐典具帖紙。良質の楮から作られる、透明でかつ粘り強さを兼ね備えた伝統的な和紙の一つです。

この紙の発祥は、土佐ではなく、日本最古の紙の産地と言われる美濃(岐阜県)。室町時代にはすでに漉かれており、江戸時代には版画の版下や画家の透き写し、裏貼りなどに用いられていたようです。

薄い紙の将来性を察知した吉井源太は美濃から典具帖紙を取り寄せ、「どうせ漉くならもっと大きく、美濃の紙より上等なものを」という思いで研究を始め、漉き桁を改良し、1880年(明治13)に大広幅の典具帖紙の試し漉きに成功しました。そして、翌年には厚さ0.03ミリの世界一薄い手漉き紙として内国博覧会に出品。薄くてインキ乗りがよく、タイプでたたいても破れない強靭さが認められ、タイプライター用紙として高い評価を得ることになりました。

こうして、土佐典具帖紙はタイプライター用紙をはじめ、ナプキン用紙・宝石包装紙・コーヒー濾紙・レンズ磨きなどの用途として、生産するほぼ全量が海外に輸出されるようになり、最上の極薄紙"トサ・ステンシル・ペーパー"の名は世界へと広がったのです。

しかし、戦後はタイプライター用途の減少と機械抄きの典具帖紙の誕生により、技術者は激減。その後、機械抄きが手漉きの需要を引き継いできましたが、時代とともに生産量は減少の一途を辿り、伝統的な技術はわずかな需要に支えられ、今日まで細々と伝承されてきました。

ところが、近年日本の歴史的書物や絵画等の保存状態が海外のものより圧倒的に良いことが注目され始め、その原紙である楮紙が脚光を浴びるようになり、土佐典具帖紙は、文化財修復用紙として国内外で高く評価されるようになりました。その結果、バチカンのミケランジェロの大壁画やパリのルーブル美術館の所蔵品など世界的な文化財の修復に多く用いられるようになり、今では、修復現場で求められる極薄紙の安定的な製造は、機械抄きだからこそ可能な技術となりました。

手先の器用な日本人の技と美意識がつくりあげた"世界一薄くて強い紙"は、約100年の時を経てその価値が見直され、今新しい第二の人生を歩み始めています。

5

ら、日本人の繊細さを見せつけ、コウゾという木から"The World's Thinnest Paper"が出来るプロセスをどうだー！ と自慢するカタログ作りがはじまった。

カメラマン：中島健蔵。初めてのシゴトだった。写真がはまった。土佐の空気が写っている。
英訳：マイケル・カーン。高知県鏡村に住んでいたが、一時アメリカに帰国。アリゾナ州からまた鏡村にやってきたアメリカ人。
「高知はいいよね、自給自足できるから」。ボクは、この言葉に過剰反応し、不覚にもみんなの前で泣いてしまった。
取材、ライターは広山篤美。わが事務所スタッフである。
事はトントン拍子にすすみ、とはいっても半年かかったが、実に日本の田舎はスゴイ！ ニッポンはスバラシイ！ といえるニューカタログが出来た。
ウラ表紙のポケットには典具帖紙の実物見本が付いている。
ではルーブル美術館へと向かおう。

**依頼人｜鎮西寛旨**

ひだか和紙（有）専務取締役。英語版インターナショナルカタログの全容が見え始めたころ、鎮西さんは「実はワシントン州に4年ほど留学していたんですよ」。はやく言ってくれよ！「英語での問い合わせにも対応出来ます」。なんではよう言わんのじゃ〜。紙も薄いが、髪も薄い。

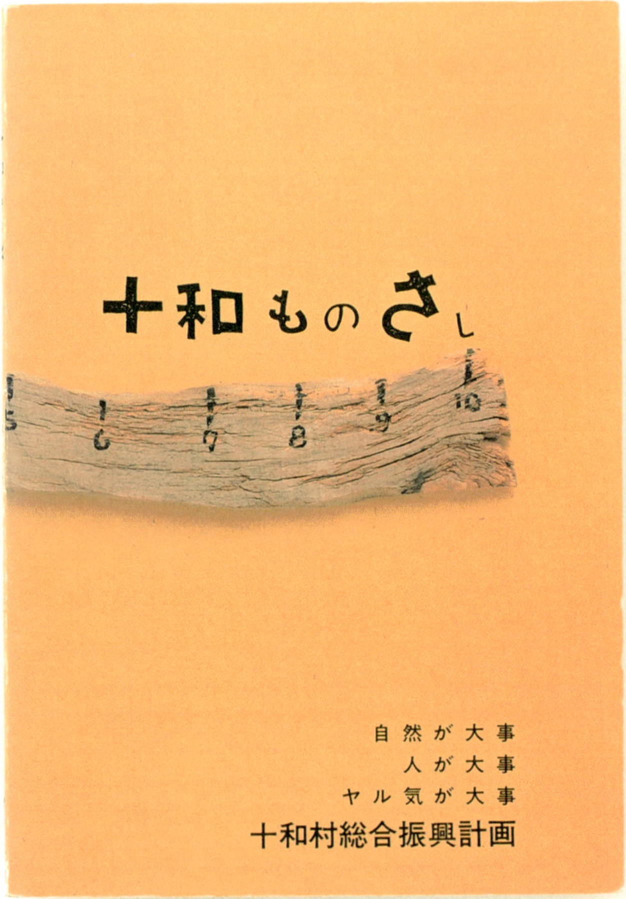
十和ものさし
5
6
7
8
9
10
自然が大事
人が大事
ヤル気が大事
十和村総合振興計画

# ジブンモノサシ

[村長]

1987年、いやに気が合う十和村企画課・由類江秋穂《ゆるえあきほ》からのオファーだった。十和村総合振興計画策定の依頼。「それは、わたしの仕事ではない」といいながら、四万十川中流域のこの村が気になっていたので、つい足を突っ込んだ。

地方は自分のものさしを持っていない。いつも、お国のものさしに翻弄されている。「振興計画はジブンのモノサシつくりデショ」と言いたかった。

自宅の庭にあった板切れにマジックで目盛りを付け、「ジブンモノサシ」を作り、表紙にした。村の会議があるごとにジブンモノサシをぶらさげて行った。今はどこに行ったかわからなくなったがほんのこのあいだまで事務所でゴロゴロしていた。

振興計画は大まかな方針、あいまいな言葉遣いで面白くない。私は振興計画の中に囲みを作り、自由コラムとして具体策を載せていった。

そのひとつ「住民が作る四万十川図鑑」。

1987年、四万十川流域にどんな生態系があるのかを検証する図鑑。住民自身が川に網を投げ、石をひっくり返していかなる生物が棲息するかを調査する。そこに学者の方々の参加を得て監修いただき、一冊の本を作り上げていく。

「四万十川図鑑」の予算積算を依頼され、議会にあげる事になった。

時を同じくして村長選が始まった。そして新人が当選した。新人は、前回4年前の村長選で、現村長に7票差で負けていた。あと4票で当選できたのだ。この村は十川と、昭和という町が合併してできたので、それぞれの候補者が出て、一騎打ちになる。振興計画の冒頭に前村長の顔写真を入れていたのがまちがいだった～。結局この「四万十川図鑑」は新村長に抹殺された（笑）。

PS. 出入りする間にこの村が好きになり、わたしは1999年から5年間この村に住んだ。

依頼人 | **由類江秋穂**

変わった名前だ。初対面なのに昔からの親友のような気がした。そうゆう訳でシゴトをした。どうゆうわけか、村育ちは、私より高知市のオネエチャン飲み屋を知っていた。十和村役場退職のあと、(株)四万十ドラマ社長を経て、現在(有)北幡観光自動車社長。

とさのかぜ
見えない文化が見える本
森の号
VOL
39
CONTENTS

# 経済47番目の国のしあわせ

[とさのかぜ]

「この広報誌は行政が出しているんですか！」と投書が来た。おこられてるのかと思ったら「行政でもできるんじゃないですか！ うちの県は何をしてるんでしょうね！」という落ちで安堵（笑）。

みんな「行政は、こんなもんや」と思ってるわけで「行政も、ここまでできるんや」をやりたい『とさのかぜ』。

一文字タイトル主義。「魚の号」「空の号」「森の号」としたら、「土佐の森ってどんなん?!」。俄然、光りはじめる。そして、バックナンバーが気になる〜で、ほとんどの号は絶版。

単なる読み捨ての広報誌ではなく、それぞれのコーナーを積み重ねて集積すれば、やがて一冊の土佐の文化ストックつまり、データファイルとなるようシカケがしてある。全体設計があれば、のちのち立派な資料になる。

2010年春、13年間続いた『とさのかぜ』の最終号は「風の号」。パリに吹くとさのかぜ「国虎屋フランス」をいつものように、いつものスタッフで取材をし静かに終わった……

**依頼人｜橋本大二郎**

当時、高知県知事。文化の視点を、環境、土木、教育、福祉……あらゆる行政行為にコミットさせようとした。就任するなり、環境に配慮して、四万十川沿いの道路拡幅工事の設計変更。日本初の森林環境税を施行させた人。おもえば！ 橋本県政は「豊かな考え方」を感じながら生きられた16年だった!! 2010年5月の時点で、政治家ではない。早稲田大学客員教授。

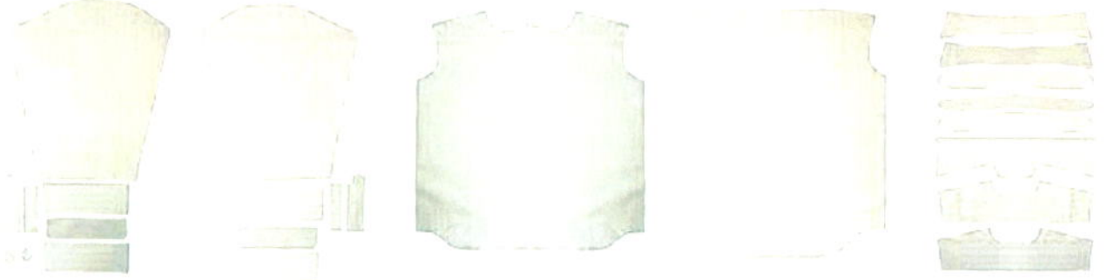

裁断から縫製、穴かがり、仕上げまで一枚一枚作っていく。まさにオーダーメイド。まず、生地を部分ごとのパーツに裁断することから始まる。パーツ名は写真左から順にポケット1枚、右袖、袖口につける剣ボロ、シャツの両すそに付けられるピース、カフス、左袖、剣ボロ、カフス、前身ごろ、後身ごろ。右写真上から襟、台襟、ヨーク。このパーツをミシンで縫っていく。作業はポケット付→前身ごろと後身ごろの付け→袖付け→襟付け→カフス付け→ピース付け→穴かがり→ボタン付け→仕上がり。

に思っておられますが、全然別です。シャツは針はまったく使いませんし、独特の縫い方があります。私はスカートもズボンも縫えんのです。シャツにはシャツの世界があります」

そのオーダーシャツの世界は採寸が原点。首まわりから始まり、襟回り、からだ回り、肩幅、着丈、手首まわりなど、最低でも十一カ所を計っていく。

「シャツはオーダースーツのように仮縫いがないので、やり直しがききません。寸法を計りながら、お客さんの好みを充分に聞き、いかにその注文に合わせていくかが大事。好みにぴったり合っていなければ、その人にとっての“世界でたった一枚の自分のシャツ”にはなりません」という。

採寸が終わったら、型紙を起こし、型紙をシャツ生地の上に乗せて裁断する。裁断は特製の包丁で切っていく。布を重ねて切る部分がずれないようにハサミではなく、包丁を使う。

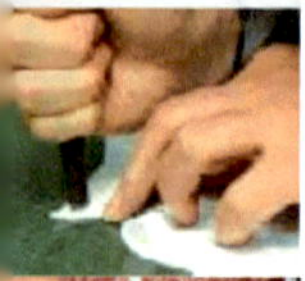

寸法に合わせて一枚ずつ、包丁で裁っていく。シャツの場合はハサミを使わない。包丁のほうが生地がギザギザにならず、正確に切れる。「お刺身と一緒」と弘子さん。裁断をしたら下貼り。縫い代を折り、糊をつけてアイロンで貼付けていく。糊は自家製で菓子用のコーンスターチ。昔ながらのアイロンは重く、温度調節もない。経験で調節。

生地は前身頃、後身頃、ヨーク、襟、台襟、袖、カフス、ポケット、剣ボロなど、二十三枚のパーツに裁断。そのパーツの布に高圧アイロンで縫い代となる折り目を付け、のりでプレスしていく。この作業を“下貼り”という。

「洋裁で言えば、仕付け糸の代わり。こうしてかたちを作ってから縫っていくと速い。外国の合理性を感じます」。

貼り合わされた襟とカフスは、表生地と裏生地を袋状に縫い合わせていく“地縫い”をし、プレスして形を整えておく。そして本縫い。ヨークと後身頃、前身頃、袖、脇、裾を巻くの順でつなぎ合わせ、襟、カフスを取り付けて完成だ。最後にシャツの襟、カフス、前身頃に穴かがり専用のミシンでボタンホールを作り、ボタンを付ける。

「作るのが難しいのは襟とカフス。それと裏側が問題。裏を見て裏の始末がきれいならきれいな仕事です」。

仕上げは十ポンドもある仕上げ用のアイロンで、川田さんは自分で丁寧にプレスし、畳み、箱に収める。仕上がったそのシャツには「オーダーメイドカスタム　コロナシャツ店」のタグが誇らしく付いている。

出来上がったシャツの美しさ。コロナシャツ店のタグが誇らしげだ。そのタグがなければどちらが裏か表か判らないほど、裏の始末がきれいな縫い目に驚く。オーダー初体験のスタッフによると、自分サイズのシャツは一度着たら、病み付きになる着心地だそうだ。

## オーダーシャツは余った布で擦り切れた襟やカフスを取り替えられる。

コロナシャツ店として営業を始めて四十年余り。その着心地の良さを求めて、今も働き盛りの世代を中心に親から二代三代と続くお得意さんなど、根強いファンを持つ。しかし、昭和五十年代をピークに減りはじめ、今は三分の一ほどになってきたという。

「特にこの数年はがっくり。でも、私たちも年ですからね。昔は恰好よく着るものも選んでいましたが、今はどちらでもいい時代。以前は、旅行に行く前に新調していましたが、今は普段着でそのまま旅行したりするでしょう。生活様式の変化がオーダーが減った一因でもあります。後継ぎもないので、私たちの代で終わり。残念ですが、これも時代の流れというものでしょう」

箱に収められたシャツには、裁断で余った生地も一緒に収められている。襟とカフスが擦り切れた際、この布を使って取り替えるためだ。

「気に入ったシャツをいつまでも大事に着ていただきたいし、経済的です」

大切なものは何かを知る愛着仕様である。

高知市上町二丁目
コロナシャツ店
川田　登さん（七十一才）

妻の弘子さん。川田さんの右腕となり、左腕となりながら共に働いて来た。「アイロンもミシンも、うちのも道具は全部骨董品。でも、我が家にとっては宝物。主人の腕も宝物ですよ」と言う。まさに夫唱婦随。

残したいもの応援団

# 去りゆく技 41

# オーダーシャツ

## シャツ一筋の仕立て職人

かつて、テーラーに背広をオーダーしても、ワイシャツまで誂えることができるのはごく一部の紳士たちで、一般のお父さんたちには手の届かない憧れの世界だった。

「それだけに昔から、オーダーシャツを専門とする店は全国的に少なかったんですよ。シャツは既製品でも間に合いますから」というのは、高知市上町二丁目でコロナシャツ店を営む川田登さん(七十一才)。高知市でも数少ないオーダーシャツの専門店だ。

川田さんは香川県出身。十六才で大阪の専門店に弟子入りして以来、シャツづくり一筋五十五年になる。高知にやってきたのは昭和三十七年。大阪に本店のある百貨店の下請け会社で働いていた川田さんは、その腕を買われ、高知店の下請けにと抜擢された。

「当時、高知にシャツづくりの職人はおらず、受けた注文は大阪で作っていました。出来上がった品は船便で送るわけですが、天候などの具合で予定日に間に合わないことがあり、現地で働く職人をと請われて来たわけです。同業者がおらんので材料も高知になく、大阪から取り寄せなければならんので大変でした」という。昭和四十三年にコロナシャツ店として独立。妻の弘子さんと夫唱婦随でやってきた。

シャツづくりは昔から、パーツごとに分業化された世界で、川田さんのように採寸から裁断、縫製、仕上げまで、すべての工程を一人でこなせる職人は現在でも少ない。

## 工程は二十ほど。世界で自分だけの一枚は、緻密な採寸から始まる。

「皆さん、洋裁もシャツづくりも同じよう

**シャツは洋裁とはまったく別のもの。針はまったく使わず、独特の縫い方をする。シャツにはシャツの世界があります。だから、私はスカートもズボンも縫えんのです。**

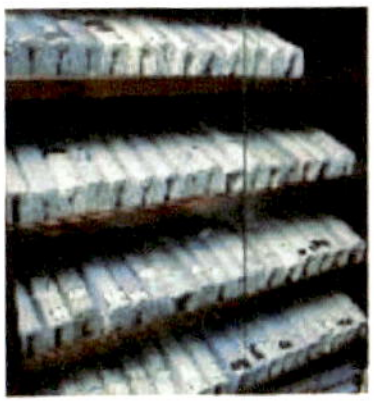

店内には、一着分ずつ包装されたシャツ生地が並ぶ。生地を選び、襟やカフスのサンプルを見ながら形を決めて、採寸をする。値段は仕立て代込みで七千五百～一万六千円ほどと、意外に手頃。襟の形だけでも十数種類ある。

本縫い用ミシンで、ヨークと後ろ身ごろを縫っていく。シャツの場合、縫い幅は五ミリが基本だが、場所によって縫い幅が違う。"おさえ"と呼ばれる部品を取り替えながらミリ数を変える。

土佐硯
茅葺き師
鍛冶屋
髪結
焼畑
映写技師
二期作
オーダーシャツ
楮蒸し
タヌキの脂
欄間
山鎮め
オナガドリ
土佐古代塗
米俵
投網
ワラスボ
イグサ刈り
去りゆく技
210

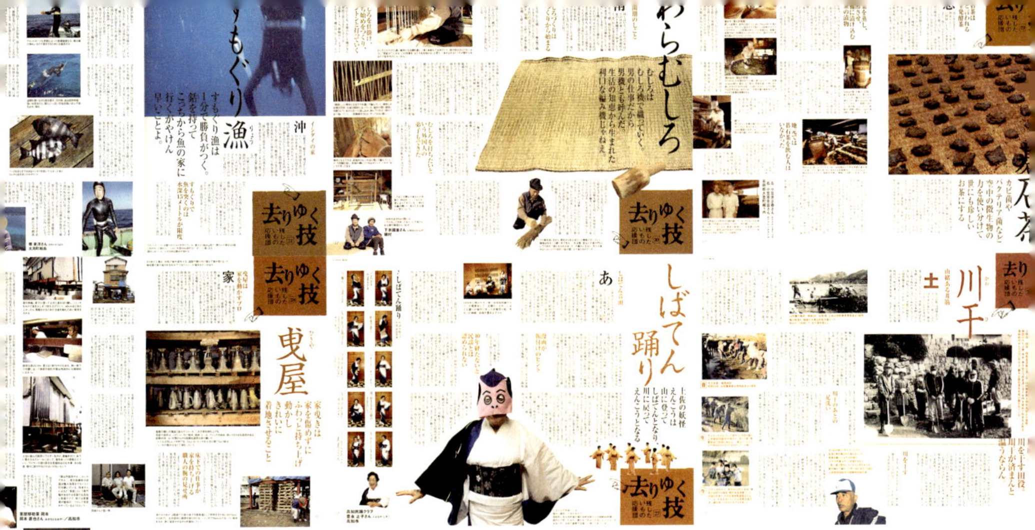


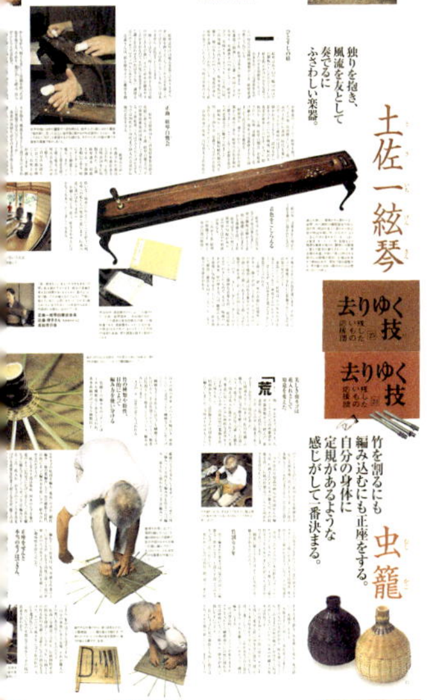


# 去りゆく技

社会から退場しようとしているものを取り上げています。
なんでこんなタイトルを付けてるんや「残したい技」やろう！とお叱りの投書もいただいていますが、「もうなくなっちゃうんですよ」という危機感をこめているのです。
おそらくネタが尽きて、スグ終わるんじゃないかなと思っていました。ところが、アル、アル、アル、アル、まだまだアル。
高知の去りゆくものを集めてみたら、立ち止まって、もう一度考えたい。土佐の歴史。
このコーナーもまた一冊の文化ストック。

チャンバラ貝
弘岡かぶ
はちきん地鶏
新ショウガ
鯨
仏手柑
地ウナギ
メノリ
マンボウ
手長えび
のれそれ
土佐文旦
ニロギ
らっきょう
初鰹
うつぼ
チャーテ
キビナゴ

# 季節からの電話

季節から電話がかかってくる。
そこで、さっそく、おいしいを取材に行くというスタイル。
風土から生み出されてくるフード。野菜や果物や魚の言い分を聞き、それぞれの一次産業の周辺を探る。ある旅行雑誌（『じゃらん』）のアンケートでは、土佐は食の豊かさナンバーワン。
季節の素材の美しさに目を奪われます。

# 認定第十三号「いもてん」イモ天

「揚げゆうかね」と通りかかった蒲鉾屋の店先で、今まさに油の中から揚がらんとするイモ天を見ると、これを買わずにいられようか。
　揚げたてのサクサクカリッとした衣のうまさと、サツマイモのほっくりとした甘さがイモ天の身上なわけで、ついつい待ち切れずに食べながら歩いて帰ることになる。
　このサツマイモの天ぷらは、土佐に限ったものではないが、どうもイモ天が大好きな県民のようで、県内のほとんどの蒲鉾屋や惣菜店、スーパーマーケットで売られている。土佐人にとってイモ天は、昔から「店で買うもの」で、スローフードでありながらファーストフードのような要素も持っている。
　サツマイモが土佐に移入して来たのは江戸時代のことで、宝永元年（1704）説と寛延2年（1749）説の2説がある。暖地性のイモは高知の気候に合っていて、山間部から沿岸部まで全県下的に作られてきた。イモケンピやヒガシヤマなど、イモを使ったお菓子や加工品も多く、イモの食文化も深いものがある。
　では、イモ天が一体いつ頃から売られるようになったのか。これについては定かではないが、高知市の台所・大橋通商店街にある松岡蒲鉾店の2代目猪野加寿子さんによれば「うちでは60年前の創業当時からイモ天を売りよったようですよ」と言う。蒲鉾は時季を選ぶ商品でもあり、イモ天は野菜や他の揚げ物とともに、蒲鉾屋にとっては欠かせない商品アイテムの1つなのだそうだ。「なんと言うたち、イモ天は高知の庶民が一番好きな天ぷらですきね」と言う。
　土佐の食文化に詳しい高知女子大学名誉教授の松崎淳子先生によると、イモ天は戦前までは「晴れの食」として「おきゃくごと」の皿鉢に盛った。「昔は、油料理というのは普通の家の台所作業ではなかった。もちろん、油自体が貴重だったということもありましたが、今のように洗剤があるわけではないので油の処理が大変だった。そういう台所に油料理はなじまないわけで、日常的に揚げ物ができるところと言えば、高知では蒲鉾屋さんだったということになります」
　おきゃくごとの中でも、特に法事用の精進料理として出されていて、家では庭先におくどを作り、そこでイモ天やゴボウ天を揚げた。「今と違って本当に真面目な精進料理で、刺身代わりに厚揚げを切って酢みそやニンニク葉のぬたで食べたりしました。でも全部が精進料理だとおいしくないから、天ぷらをするわけ。油味というのはマイルドで満足しますからね。子どもの頃、法事の度に庭先で揚げさせられて、気持ちが悪くなった思い出があります（笑）」と、松崎先生は懐かしむ。
　つまり、日常の貴重な代用食だったイモを「晴れの食」にするために油で揚げていたのである。その晴れのイモ天を店で売るとなると、やはり大きくなければ商売にはならない。お客も喜ばない。
「イモを大きく見せるために斜めに切り、それをさらに継ぎ足して大きくする。高知のイモ天はその大きさも魅力だろうと思います。1枚あると小腹が張りますきね」
　現在、日曜市の名物にもなっている人気のイモ天は一口サイズで、行列ができるほどの人気だ。また、店によってはワラジのように大きなモノもある。一般に高知のイモ天の衣はやや甘めだが、その味付けは店によって違っていて、そこがいわゆる企業秘密というわけだ。
「イモ天は生から揚げないとおいしくない。その油と温度と衣がちょうどマッチしたら、きれいなイモ天ができると思います。ほとんどの人が衣がカリッとして、ちょっと焦げたようなのを好みます。しかもお客さんは今、目の前で揚げているそれがほしいーと言いますきね」
　今回は、この愛おしきイモ天を勝手に重要文化財としたい。

15

# 勝手に重要文化財

［太鼓判］

「いいよね〜っ」てだれもが思っているけれど、忘れられている土佐の良きものを編集部が勝手に探し出し「勝手に重要文化財」と「認定」する試み。

形になっていないもの「コト」も文化の一つであり、その文化性を追ってみるということ。

土佐高校という高校の野球部。試合でチェンジの時に外野から「全力疾走」で帰ってくる。レフトからセンターからライトから一直線にベンチに全力疾走で駆け込む。甲子園に爽やかな風を生んだ「コト」が重要文化財である。

そんなモノコトに太鼓判を押していくというのがこのコーナー。

芋の天ぷら。これは地元では日常。県外から来た人にしたら「?!」。歩きながら食べるという文化。単なる芋の天ぷらやけど、これが勝手に重要文化財。

藤波神社の境内で「将棋を指しているおっさんたちがいつもおるコト」が重要文化財。「台風中継もいつもやや大げさなショウになっているコト（笑）」が重要文化財（笑）なのである。

84
はちよん

84
はちよん

# 84（はちよん）

[サプライズ]
高知県の84%は$CO_2$を吸収する森。「なんてステキ！」と言ってしまえば、製造品出荷額47番目の経済県のコンプレックスも「ハナタカダカ」に変身してしまう。「考え方」で人はユタカになれる！
ボクが生まれ育った高知県が森林率日本一の国だと知ったのは3年前だった。さらに、2番目は82%の岐阜県だというので、またまた驚愕した。高知県には16%しか平地はないのだ。
だから、製造業には不向きで、製造品出荷額全国47番目に甘んじているのだ。
84%の森林率はマイナス「遅れた地域」ととるか、プラス「地域の個性」ととるかで様子は変わってくる。
84はちよんプロジェクト。
高知県の84%は$CO_2$を吸収する装置。世界標準で始まろうとしている排出権をビジネスとするなら最先端の高知県である。
山仕事の作業着の背中に大きく「84はちよん」と表示する。山仕事をするオヤジに「その数字はなんですかぁ～」と聞く。オヤジは振り返り「高知の森は日本一の84はちよんヨ！ 知っちょきや～！」と答える。ユニホームに84を入れるだけでオヤジは元気になる。
「84デスクキット」を作り、小学校入学時にエコポイント付きで販売する。高知県の教育は「ジブンの机を作る事からはじまる」をコンセプトとする。家族みんなでデスクを組み立てる。「84はちよん」の意味をお父さんが子供に伝達する……。
県産材で作られる家は「はちよんハウジング」。どこもかしこもやっているバイオマスチップは「はちよんバイオマスチップ」。商店街のお休みベンチは「はちよんベンチ」。間伐パルプから「はちよんペーパー」。土佐湾のカツオは「はちよんカツオ」。環境教育プログラム「はちよん教育」。まだ確定しない$CO_2$吸収算定式を確立し「はちよん方式」。土佐の挨拶は「はちよ～ん」。その他、あらゆる環境産業に84はちよんを展開していく。

経済ビリ。
森林率ニホンイチ。
www.kochi

これは、低迷する高知県の政策の方向性を示すものである。知事が「84はちよん」という文字を指し、「高知県は84政策を進めます！」全国に向かって宣言する。こういう絵を妄想していた。知事に直接提言してくれという人が現れたのはよかったが、うまくいかなかった。

そこで、県の政策ではなしに、梅原政策になってしまった（笑）。

2009年に退職した高知県庁の異端児、市原利行が84はちよんの賛同者となり、梅原の苦手部分をバックアップするという事で動き始めた。資本は二人の定額給付金をあわせた2万4千円だった。ボクは84プロジェクトを「ビジョンのない金で、ビジョンを作る」と諷した。

人を束ねる仕事は苦手だ。多人数でやる仕事も苦手だ。だから、一人でできる仕事を選んでいるのだと思うが、様子が変わってきた。84はちよんのメッセージ伝達のため、マスコミ露出も必要になってきた。そこがシンドイ（笑）。

とにかく土佐から逆スイッチを入れるのだ。2009年8月4日。高知県立牧野植物園の84はちよん会議によってすべてはスタートした。

**依頼人｜川村純史**

協同組合木星会代表理事。大学で建築を学び、インテリアデザイン事務所を経て、1980年夏、高知県大川村にUターン。森林率90%のこの村の木を使い、独自の家具をデザインしつづけてきた。「木星会」は「木はスターである」に由来する。アイデア豊富、やわらか頭。によって付き合いは長い。

# $CO_2$のカンヅメ

[2020年|−25]

2009年8月4日。84はちよん会議の討論会で、84プロジェクトのメンバー、大川村木星会の代表、川村純史がみょうなものを取り出した。「これが$CO_2$のカンヅメです」。会場はシ〜ンとした。それはただの木の丸太に見えた。「この中に$CO_2$が詰っています」。ナルホド、木が$CO_2$を吸収、固定しているというが、私たちには実際によくその原理がわかっていない。

2020年までに−25%の$CO_2$削減を謳うなら、日本国民がそのメカニズムをよく知っておく必要がある。小学生のころから、$CO_2$をタノシクマナブ教育を始めるのだ。その教材として「$CO_2$のカンヅメ」はどうだろう。

ラベルのウラには、「どうして木は酸素を吸収し、二酸化炭素を固定するのか」「人は1年間にどれだけの$CO_2$を排出するのか」「$CO_2$吸収量の計算式は」などの情報があり、このカンヅメをクルクル回しながら学習するのだ。

日本全国の小学校の教材として文部科学省に採用されたい。

ボクのプロデュースはこうだ。500人の村、大川村の村長が国のトップと会い、環境教育の教材として使ってもらえるよう交渉する。日本国のはしっこから、日本国のトップに提案する構図。採用されれば話題となり、村は産業として潤う。

それが失敗に終われば、次はこうだ「隗より始めよ」。村の分校から「$CO_2$のカンヅメ」を使った環境教育を始める。「本当は$CO_2$を出してるのは都会でショ」というメッセージが込められている。そんな姿からきっと何かが始まる。

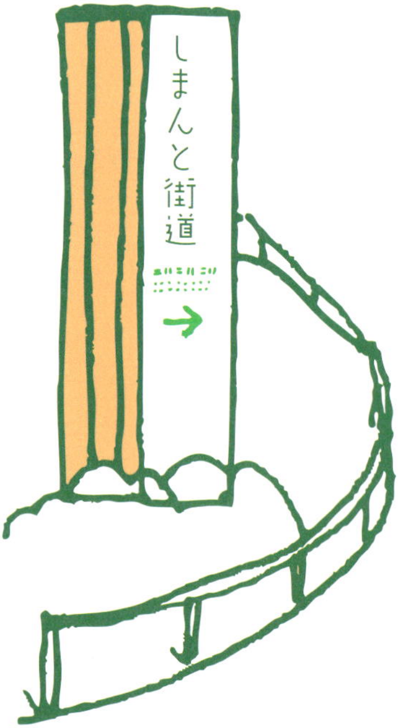


**a.**

鉄と木の組み合わせでその表情は
ユタカになる。木の部分は5年ごとに
交換する。

**b.**

木をワンポイント使うだけで
ホットなニッポンになれる。

# 84 木づかいサイン

[間伐で日本の風景をつくる]
北欧の家具がなぜスバラシイと言われるのか？ そのナゾを探るためヘルシンキを訪ねた。よく観察すると、全てが木で出来ていない事がわかった。机だと天板は木、足下は鉄で出来ている。素材の機能を取り入れている。だからシャープでスマートなのだ。それでいて、全体としてはあたたかい木の家具の印象なのだ。
道路サイン、公共サインにこの手法を取り入れてはどうか？
A.タテ半分が木のサイン、B.矢印部分が木のサイン、C.コンクリートと木のサイン。
木の部分は耐久性にかける事は承知している。5〜7年に一度、木の部分をアタッチメントとして取り替える。日本の森林率68%。その山が循環する。日本の風景が変わる。
「日本国のサインは木をつかっている！」。外国からの来訪者はそう叫ぶだろう。
使い勝手のよい84サインを10パターンくらい設計し、カタログを作り、日本国中にオファーする。各県、美観のために84サインを使えば、日本の風景はサインを媒介にして変わる。
国土交通省がやれば更によい。84木づかいサインは$CO_2$固定化サインでもあるからだ。

C.

木とコンクリートの
組み合わせ

半径2kmの地産地消

# 84《はちよん》やさいカフェ

## ビニールハウスのような・・・

あたかもビニールハウスのような態様で
コストのかからないような
オモシロさを演出する

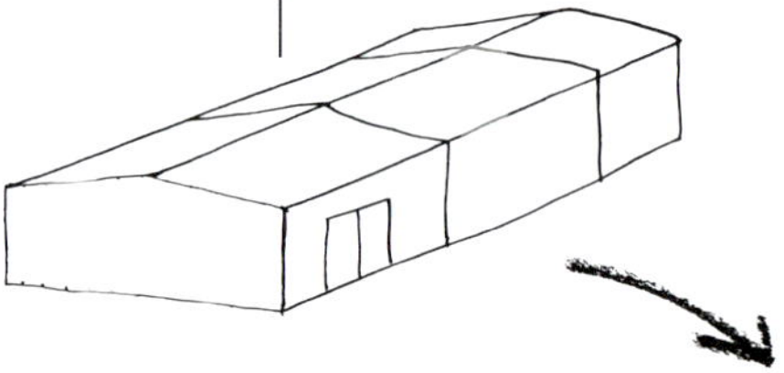

## 84間伐材でプロテクト

84材を使ったスリーブによって
悪天候時にビニールハウスを保護
その移動によって光量を調整でき
温度調節の機能を持つ方式

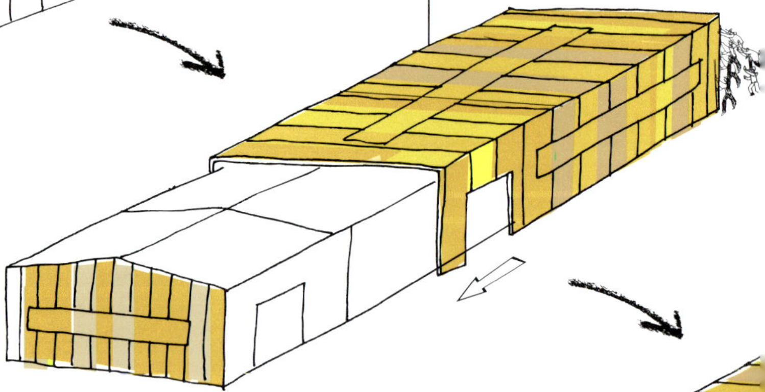

# 84やさいカフェ

[NO SKIP! 地産地消のやさいカフェ]

空港のある町、南国市は「スキップされる町」に悩んでいる。空港に到着した客はすみやかにバス、タクシーでこの町を通りぬけ、高知市内に向かう。また帰りも同様だ。

高知龍馬空港は南国平野のまんまん中にある。野菜畑の真ん中だ。ここに「84やさいカフェ」をつくる。畑でとれた瑞々しい野菜中心の料理を、センスのあるシェフのもとバイキング形式で提供する。さらにコンセプトを深めるため、半径2kmで採れる食材を使う地産地消のカフェとする。離陸すれば眼下に一次産業の風景が見え、半径2kmをつぶさに体感でき、野菜・魚介・牛肉・鶏・牛乳、あらゆるフレッシュな食材がそこで生産されている事を実感する。

なぜ「84カフェ」と呼ぶのか？

それは、本体は「ビニールハウス」のようなもので、その外装が84はちよんの間伐材で出来ているのである。ビニールは台風に弱い。それをガードするのが「84はちよん材」。マッチ箱のスリーブのような構造。そのスリーブの移動によって、太陽光が入り、温度調節をする。(冬はよいが、夏はどうしよう？)

「ハードはチープ、食べる物はハイクオリティ」。天気の良い日は、後ろの空きスペースでオーガニック野菜市が開催されている。空港に到着すれば、スキップし難い愛称「84カフェ」。空港まで3分の安心感と、みずみずしい野菜は、人の流れを変えるだろう。

……野菜の時代。

**スリーブが移動**

全体の保護をする
土佐のコンセプト
金をかけずに知恵使う

**依頼人｜梅原真**

84プロジェクト代表。高知市生まれ。高校時代、平凡パンチの表紙にあこがれ、デザインの世界に入ろうとしたが自分の才能を疑い断念。大学時代に出会ったのが黒田征太郎さんのイラストレーション。これならいけるかもしれないと再挑戦。黒田さんのスペイン旅絵日記『とべない鷗《かもめ》』をまねしてみたりしながら現在にいたる。あこがれた平凡パンチの表紙の作者、大橋歩さんにめぐりあい、このイラストは歩さんによる。

**梅原真　Umebara Makoto**

1950年、高知市・龍馬生誕地とほぼ同じところで生まれる。行動半径が同じ。寝しょんべんを垂れる。雨の日に鏡川で泳ぐ。剣道を修行する。空想癖がある。など、龍馬とほぼ同じカンキョーで育つが、小学校5年の時、父親の転勤で和歌山市に移住し、台無しになる。
思考形成期、アタマの中は大阪文化に支配され、この時点で「龍馬再来」のメはなくなる。
1972年（22歳）、大学（経済学部）を卒業後、大好きな土佐に帰る。RKCプロダクション美術部入社。日本テレビで研修後、スタジオの大道具担当となり社会人としてスタート。写真家・高橋宣之の影響を受け、25歳の時、スペインに渡る（休職）。
1979年（29歳）、退職後、アメリカ大陸を横断。サンフランシスコ滞在のあと帰国。
1980年（30歳）、高知市で仕事を始める。
1986年（36歳）、高知県農業改良普及協会からの依頼で『土佐の味 ふるさとの台所』（1987年刊）を制作。取材・編集・デザインの全てを担当。発行部数1万3000部のベストセラーとなる。この時の取材で、土佐のやまやま、土佐のうみうみを、くまなく歩き、土佐のユタカサを知る。
そんなおり、出会った漁師、山師とのシゴトがきっかけで一次産業再生が自分のテーマだと気がつく。
1989年（39歳）、1980年からの10年間の忙殺をのがれ、四万十川中流域、十和村の沈下橋の向こうに移住する。
4年後（43歳）、高知県立美術館の学芸員、松本教仁が訪れ、美術館のシゴトを依頼される。四万十川に骨を埋めようとしていたが、道路改良工事で、対岸がコンクリート護岸になり始めたこともあり、村を出て高知市にもどる。

全ての基本は一次産業だ！ 一次産業は日本の風景を紡ぎだしている。風景を見れば、その国がどんな国かがわかる。一番大事なものは風景であると思い込む。「一次産業×デザイン＝風景」という方程式を作り、一次産業にデザインをかけ合わせるシゴトを続ける。

宝くじ
黙って買う
祈る
当る

## 師匠

1979年12月、アメリカから帰国したボクは、東京八重洲口の歩道を歩いていた。ふと横を見るとホッかぶりをした高齢の婦人が、寒風の中、宝くじを売っていた。売り台の下には白いビラがあった。
一行目「黙って買う」。
二行目「祈る」。
三行目「当る」。
ボクは、吸い寄せられるように宝くじを買った。当たらなかった……。
コミュニケーションデザインとは「この絵」のようなものではないか。と考えるようになった。
それ以来、そのシチュエーションを想像しながらシゴトをしている。

## まっこと

東京千駄木。小さな、小さな出版社、羽鳥書店。「日経ビジネスの記者がボクの事を書いた本が出版されるので、これはもう引き取らせてください」と言ったら、「あれは梅原さんの解説書。うちのは作品集です」という羽鳥社長のありがたい言葉から本作りがはじまった。
担当の編集者、矢吹有鼓さんの「依頼人の周辺も知りたい!」という発言からおもしろい編集になった。
原研哉さんとそのスタッフ中村晋平さんのデザイン協力となり、原さんが色校正をしてくれるその姿にボクへの愛情をしみじみ感じた(笑)。
地味で誠実な本づくりを続ける羽鳥書店のスタッフ一同に感謝!
原さん、中村さん、印刷所関係者さま、撮影スタッフまっことありがとう!
「17歳の時憧れた平凡パンチのイラストレータ大橋歩さんに、60歳になって帯の言葉をもらうの巻」。人生のおもしろ運命を感じています。

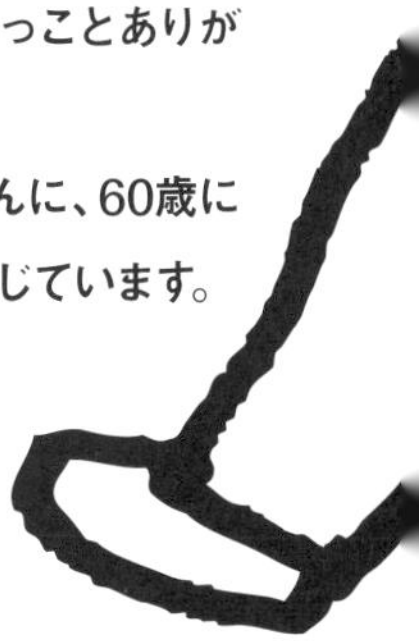

# しらうおや尾頭付きが二万匹

**原 研哉**

尾頭付きを二万匹送ります。こういうメッセージとともに、梅原真から唐突に送られてくるのは土佐の「しらす干し」である。これを炊きたての白米にどっさりかけて食べると豪快にうまい。土佐のしらす干しに対抗できるのは郷里岡山の「白桃」くらいだろうと考え、負けないように時折投げ返すように「白桃」を送る。

梅原真のデザインは恐ろしい。繊細に丁寧に築き上げてきたデザインの牙城が、強烈な台風が岸辺の釣り小屋を一蹴するように、吹き飛ばされてしまいそうな風圧を持っている。土佐っぽの気質は一途であるから、梅原真のデザインもまっすぐであり、本音であり、しかも大きな笑いがある。洒落たり気取ったり、研いだり磨いたりしてできた、先が尖っただけのデザインでは、容易に太刀打ちができない。

梅原真に出会ったのは、もう十年ほども前になろうか。北海道のニセコで、とあるイベントに参加していた折に、たまたま一緒にカヌーに乗り合わせることになり、大男二人で、カヌーの前後を漕ぎあった。ル・コルビュジエのような眼鏡をかけた、人間よりもどちらかというと猿人に近い風貌は多少怖くもあったが、オールを合わせてみると、すぐに繊細な人だと分かった。自分も、人間よりもどちらかというとオランウータンに近いので、二人の乗ったカヌーは二頭の大猿が漕いでいたように見えたかもしれないが、どちらもナイーブかつやさしい感覚の持ち主であったことは誰にも知られてはいない。

梅原真のデザインを間もなく知ることになるが、まず感心したのは「砂浜美術館」という構想であった。著名な建築家や、新進気鋭の若手建築家が日本の各地に、美術館や博物館を次々と建てていた時代であるが、梅原真はこれを毛嫌いしていた。「そんな勝手な建築、いらん、いらん！」と言いながら「この砂浜が、この町の美術館です」と言い放ち、夥しい数のTシャツを太平洋の波が洗う美しい砂浜に見事に干し並べ、「ひらひらします」というキャッチコピーのTシャツ展を実現した。その景観に僕は胸のすく思いがした。また浜に漂着した漂流物を拾い集めてセレクトした「漂流物展」などは、企画の鋭さに思わず嫉妬を覚えたほどだった。確かに漂流物をつぶさに観察すると、土佐の浜から世界が見える。なんというシャープなキュレーションだろうか。

地域は東京なんぞに影響されないで、もっとちゃんとやったらええんや！と思っている梅原のデザインは、ツボのおさえ方が的確で、大胆かつ緻密。本書に掲載されている「島じゃ常識・さざえカレー」や、「秩父カキシブ男の石鹸」のパッケージ、「乳頭温泉・鶴の湯」のポスター、『とさのかぜ』の冊子などは、ほれぼれとするような風通しの良さと、人の

**心を掴む握力、そしておおらかな笑いにあふれている。さらに言えば丁寧に無用な気取りや余分な詩情を始末している。まさにデザインがものに付与できる力を理想的に発揮している状態であると僕は思う。**
**本書が、梅原真のデザインへの姿勢とその魅力をあますことなく捉え、それを伝えていくことによって、多くの人々やデザイナーに勇気を与えることを期待したい。日本も、高知と同じようにローカルである。これからは、世界の中の日本、アジアの中の日本のあり方を、より慎重に、深く考えていかなくてはならない時代になる。本書がいい意味で、日本の尻を叩いてくれることを期待したい。**
**最後に掲載するのは、先ほど届いたばかりの梅原真からのメールと、それに対する僕の返信である。龍馬ブームに乗じて僕も土佐弁で応答している。本書誕生の息づかいとして記録しておこう。**

✉ ▶

原さん
まっこと！ひさしぶりですぜよ！
ちょっち体調をくずしましたが
それは、とさの風邪やったということにしています。
『とさのかぜ』では
まっことおせわになりました！
最終回の価値が上がり、
締まりました!!!
今週から、羽鳥書店、矢吹さんとの
やりとりが始まりました！
原さんに、ごめんどうかけている事が
わかりありがたきシアワセのものさし!!!
ホントウにありがとうございます!!
「あとがき」もいただけるそうで
まっこと、うれしいですちや!!!
本の事は鈴木さんにもゆうちゃ〜
しませんがもれ聞こえているようです。
出版までお世話をかけますが
ヨロシクおねがいしま〜〜〜す。
温泉または島でお会いしましょう!!!
とさのかぜ原稿、しらすぼし付き
わすれちゃ〜しませんき〜
そろそろおくります。
梅原真

✉ ◀

梅原さん
こちらも、チカラんなれて、
まっこと、うれしいぜよ！
ええ本にするきに！
しらすもまっちゅうぜよ〜。
中村いう若いもんに手伝わせちょうきに、
しらすは二つに分けて送ってくれると
うれしいがやき！
原研哉

## 梅原 真デザインワーク

＊本書に登場する、梅原真のデザインワークやプロジェクト、関連する団体や人びとを紹介しています。
（掲載順／2010年6月現在）

**しまんと緑茶／しまんと焙茶／**
**四万十ロイヤルミルクティー**……pp.10-17
**（合）広井茶生産組合**
http://www.shimantoryokucha.co.jp/
広井茶生産組合事務局
〒786-0535 高知県高岡郡四万十町十和川口62-9
Tel.0880-28-5527
**赤須治郎**（紅茶研究家）**赤須企画事務所／和紅茶**
http://www.wakocha.com/
**高知はた農業協同組合**
http://www.ja-hata.com/
〒787-0015 高知県四万十市右山五月町7-40
Tel.0880-34-5555

**砂浜美術館／ラッキョウの花見／漂流物展**……pp.18-27
**砂浜美術館**　http://sunabi.com/
砂浜美術館事務局
〒789-1911 高知県幡多郡黒潮町浮鞭3573-5
ビオスおおがた情報館内　Tel. 0880-43-4915
**漂着物学会**　http://www.drift-japan.net/
〒789-1911 高知県幡多郡黒潮町浮鞭3573-5
砂浜美術館事務局内　Tel.0880-43-4915
**北出博基**（写真家）
http://www2.ttcn.ne.jp/zakka-tky.com/

**IPPONZURI 鰹たたき（土佐鰹水産）／**
**土佐 一本釣り 藁焼きたたき（明神水産）**……pp.28-37
**土佐鰹水産（株）**　http://www.tosakatu.jp/
〒789-1720 高知県幡多郡黒潮町佐賀806-5
Tel.0880-55-3600
**明神水産（株）**
http://www.myojin.co.jp/
〒789-1720 高知県幡多郡黒潮町黒潮一番地
Tel.0880-55-2800

**四万十川新聞バッグ**……pp.38-47
**四万十川新聞バッグの作り方**
http://shimanto-shinbun-bag.jp/
**道の駅四万十とおわ**
http://www.shimanto-towa.com/
※四万十ドラマ運営サイト
**★（株）四万十ドラマ**
http://www.shimanto-drama .jp/
〒786-0535 高知県高岡郡四万十町十和川口62-9
Tel.0880-28-5527

**じょんのび高柳／じょんのび読本／**
**作・ばあちゃん／作・じいちゃん**……pp.48-53
**じょんのび村・高柳**（新潟県柏崎市高柳町）
http://www.jonnobi-takayanagi.jp/
**じょんのび研究所**
http://www.jonnobi-takayanagi.jp/jonnobi-ken/
**鈴木輝隆**（江戸川大学教授）
http://www.edogawa-u.ac.jp/~tsuzuki/n02-jonnobi.html

**四万十川の青のり**……pp.54-57
**（有）加用物産**
〒787-0150 高知県四万十市井沢754番地
Tel.0880-35-2380

**島じゃ常識・さざえカレー**……pp.58-61
**島根県隠岐郡海士町**
http://www.town.ama.shimane.jp/
**隠岐どうぜん農業協同組合**
http://douzen.ja-shimane.gr.jp/
〒684-0302 島根県隠岐郡西ノ島町別府21-2
Tel.08514-7-8005
**玉沖仁美**（㈱春夏秋冬）
http://www.haru888.com/

**ぽん酢しょうゆ・ゆずの村・馬路村**……pp.62-65
**馬路村農業協同組合**　http://www.yuzu.or.jp/
〒781-6201 高知県安芸郡馬路村馬路3888-4
Tel.0120-559-659

**しまんと地栗（渋皮煮・渋皮ドライ・地栗ペースト）**……pp.66-71
**★（株）四万十ドラマ**

**天空の森**……pp.72-77
**天空の森**　http://tenkunomori.net/
〒899-6507 鹿児島県霧島市牧園町宿窪田市来迫3389　Tel.0995-76-0777
**忘れの里 雅叙苑**　http://gajoen.jp/
〒899-6507 鹿児島県霧島市牧園町宿窪田4230
Tel.0995-77-2114

**乳頭温泉郷・秘湯鶴の湯／日本秘湯を守る会**……pp.78-83
**乳頭温泉郷 秘湯鶴の湯温泉**
http://www.tsurunoyu.com/
〒014-1204 秋田県仙北市田沢湖田沢字先達沢国有林50　Tel.0187-46-2139
**日本秘湯を守る会**　http://www.hitou.or.jp/

(社)田沢湖観光協会
http://www.tazawako.org/
〒014-1201 秋田県仙北市田沢湖生保内字宮ノ後39
Tel.0187-58-0063

**伊勢 手掘り あさり**……pp.84-89
**(株)荒木海産**
〒515-0502 三重県伊勢市東豊浜町2973-412
Tel.0596-37-3511
**三重ブランドアカデミー**
http://www.pref.mie.jp/chisanm/hp/academy/
三重県農水商工部マーケティング室
〒514-8570 津市広明町13番地
Tel.059-224-2391

**秩父の柿酢/男の石鹸**……pp.90-95
**皆野町商工会「柿のわ事業」**
http://www.shokokai.or.jp/11/minano/
〒369-1412 埼玉県秩父郡皆野町大字皆野1423
Tel.0494-62-1311
**秩父シブガキ.com**　http://www.sibugaki.com/

**じゃばら果汁/じゃばらウォーター/**
**原種原木 春先対策**……pp.96-103
**じゃばら村センター**(わいわい市場店)
http://www.kitayamamura.com/
〒519-5604 和歌山県東牟婁郡北山村下尾井335
Tel.0735-49-2037
**正林国際特許商標事務所**
http://www.sho-pat. com/
〒170-0013 東京都豊島区東池袋1-25-8
タカセビル本館　Tel.03-3971-5523
**福井隆**(東京農工大学客員教授)
http://blog.murablo.jp/noukoudai/
**北山村**　http://www.vill.kitayama.wakayama.jp/
〒647-1603 和歌山県東牟婁郡北山村大沼42
Tel.0735-49-2331

**げんぱつにげんこつ**……pp.104-105
**新潟県柏崎市**
http://www.city.kashiwazaki.niigata.jp/

**かみこや**……pp.106-109
**梼原和紙&紙漉体験民宿 かみこや**
http://kamikoya-washi.com/
〒785-0603 高知県高岡郡梼原町太田戸1678
Tel.0889-68-0355

**黒砂糖**……pp.110-111
**大方精糖生産組合**(→黒潮町)
http://www.town.kuroshio.lg.jp/picup/kurozatou/
〒789-1992 高知県幡多郡黒潮町入野6198
Tel.0880-43-2111(代)
**黒潮網屋**
http://www.kuroshio-amiya.com/

**北条ワイン**……pp.112-117
**北条ワイン醸造所**　http://www.hojyowine.jp/
〒689-2106 鳥取県東伯郡北栄町松神608
Tel.0858-36-2015

**天日塩アイス/おいしいんだものシリーズ**
……pp.118-123
**(有)高知アイス**　http://www.kochi-ice.com/
〒781-2332 高知県吾川郡いの町下八川乙683
Tel.088-850-5288

**『水』/『RIVER』**……pp.124-131
**『水』**(四万十ドラマ、1997年刊)
http://xc528.eccart.jp/h752/item_detail/itemId,33/

**四万十のひのき風呂**……pp.132-135
**★(株)四万十ドラマ**

**『犬も歩けば赤岡町』**……pp.136-141
**『犬も歩けば赤岡町――日本で二番目に小さな町』**
(高知県・赤岡町まちのホメ残し隊編、風土社、2001年刊)
**弁天座**　http://wwwa.pikara.ne.jp/bentenza/
〒781-5310 高知県香南市赤岡町795番地
Tel.0887-57-3060
**おっこう屋**
http://okkouya.imawamukashi.com/
〒781-5310 高知県香南市赤岡町 448-1
Tel.0887-55-3468

**OKE.OK/桶仕込み保存会/いまさらおけを考える会/**
**小布施ッション**……pp.142-155
**(株)枡一市村酒造場**
http://www.masuichi.com/
〒381-0294 長野県上高井郡小布施町807
Tel.026-247-2011
**桶仕込み保存会**　http://www.okeok.com/
**(株)文化事業部**　http://www.bunji.jp/

小布施ッション　http://www.obusession.com/
〒381-0201 長野県上高井郡小布施町大字小布施500　Tel.026-247-7511

**小布施堂**……pp.156-159
**(株)小布施堂**　http://www.obusedo.com/
〒381-0293 長野県上高井郡小布施町 808
Tel.026-247-2027
**(株)修景事業**　http://www.shukei.jp/

**ピナ・バウシュ／INFORMATION**……pp.160-165
**国虎屋フランス**　http://www.kunitoraya.com/
**高知県立美術館**
http://www.kochi-bunkazaidan.or.jp/~museum/
〒781-8123 高知県高知市高須353-2
Tel.088-866-8000

**やんばる ふんばる 国頭村**……pp.166-171
**国頭村**　http://www.vill.kunigami.okinawa.jp/
**久高将和**（写真家）
http://kuta-okinawa.org/staff.htm
※国頭ツーリズム協会スタッフ紹介ページ

**近藤けいこ Natural Vegetable**……pp.172-175
**近藤けいこ Natural Vegetable**
http://www.keikon.info/
〒519-0323 三重県鈴鹿市伊船町2704-2
Tel.0593-71-0414

**絵金蔵**……pp.176-183
**絵金蔵**　http://www.ekingura.com/
〒781-5310 高知県香南市赤岡町538
Tel.0887-57-7117
**(株)若竹まちづくり研究所**（畠中洋行）
〒780-8031 高知県高知市大原町87-1-2F
Tel.088-834-0896
**畠中智子**　http://hatakenakatomoco.seesaa.net/

**EARTHDAY**……pp.184-185
**環境活動支援センターえこらぼ**
http://ecolabo-kochi.jp/
〒780-0935 高知県高知市旭町3-115 ソーレ3F
Tel.088-802-2201

**間城正博作 土佐はるか**……pp.186-189
**間城正博**（間城農園）
〒781-5451 高知県香南市香我美町上分24
Tel.0887-55-4240

**ごめんケンカシャモ**……pp.190-193
**ごめんシャモ研究会**
http://ameblo.jp/gomensyamo/
**南国市商工会**
http://www.kochi-shokokai.jp/nankoku/

**典具帖紙**……pp.194-201
**中島健蔵**（写真家）
http://www.geocities.jp/japan_kenzo/
**マイケル・カーン**
http://www.jpf.go.jp/j/japanese/event/benron/pdf/45/01.pdf
**ひだか和紙(有)**
http://www.hidakawashi.com/
〒781-2152 高知県高岡郡日高村沖名3486-1
Tel.0889-24-7857

**十和ものさし**……pp.202-205
**四万十町**（旧窪川町・大正町・十和村）
http://www.town.shimanto.lg.jp/

**とさのかぜ**……pp.206-217
**橋本大二郎**（元高知県知事）
http://daichanzeyo.la.coocan.jp/

**84はちよんプロジェクト／$CO_2$のカンヅメ／84木づかいサイン／84やさいカフェ**……pp.218-230
**84はちよんプロジェクト**
http://www.kochi-84project.jp/
**高知県立牧野植物園**
http://www.makino.or.jp/
〒781-8125 高知県高知市五台山4200-6
Tel.088-882-2601
**協同組合木星会**　http://mokusei.or.jp/
〒781-3705 高知県土佐郡大川村大北川227
Tel.0887-84-2344
**高知龍馬空港**　http://www.kochiap.co.jp/
〒783-0096 南国市久枝乙58番地
Tel.088-863-2906（総合案内所）

**アカンヤンカマン／師匠**……pp.230-233
**大橋歩**（イオグラフィック）http://www.iog.co.jp/
**『おまんのモノサシ持ちや!――土佐の反骨デザイナー・梅原真の流儀』**　篠原匡著
（日本経済新聞出版社、2010年6月刊）

写真　門田幹也（p.10, 28, 54, 62, 96, 106, 118, 176, 178),
浜田 啓（p.18), 清水政一（p.48), 竹吉孝夫（p.124),
中島健蔵（p.132, 194), 鷹野 晃（p.142, 156),
久高将和（p.166), 高橋宣之（p.218),
河上展儀（商品撮影, 著者ポートレート）
イラスト　大橋 歩（p.230, 231), 脇坂千夏（p.220, 226, 228, 232）
地図　脇坂千夏＋矢吹有鼓（p.6）

ニッポンの風景をつくりなおせ
一次産業×デザイン＝風景

2010年6月30日　初　版　［検印廃止］
2015年11月30日　第４刷

著者　梅原 真

基本デザイン　梅原 真
デザイン協力　原 研哉＋中村晋平
編集協力　梅原デザイン事務所
発行者　羽鳥和芳
発行所　株式会社　羽鳥書店
113-0022
東京都文京区千駄木5-2-13-1F
電話番号　03-3823-9319［編集］
03-3823-9320［営業］
ファックス　03-3823-9321
http://www.hatorishoten.co.jp/

印刷所　株式会社サンエムカラー
製本所　有限会社清水製本所


ISBN 978-4-904702-12-3　Printed in Japan